网络时代高校思想政治教育创新实践探索

姜利波 ◎ 著

吉林大学出版社
·长春·

图书在版编目（CIP）数据

网络时代高校思想政治教育创新实践探索 / 姜利波著 . -- 长春：吉林大学出版社，2022.3
ISBN 978-7-5768-0238-2

Ⅰ.①网… Ⅱ.①姜… Ⅲ.①高等学校－思想政治教育－研究－中国 Ⅳ.① G641

中国版本图书馆 CIP 数据核字 (2022) 第 144801 号

书　　名	网络时代高校思想政治教育创新实践探索
	WANGLUO SHIDAI GAOXIAO SIXIANG ZHENGZHI JIAOYU CHUANGXIN SHIJIAN TANSUO
作　　者	姜利波　著
策划编辑	殷丽爽
责任编辑	张宏亮
责任校对	曲　楠
装帧设计	李　伟
出版发行	吉林大学出版社
社　　址	长春市人民大街 4059 号
邮政编码	130021
发行电话	0431-89580028/29/21
网　　址	http：// www.jlup.com.cn
电子邮箱	jldxcbs@sina.com
印　　刷	天津和萱印刷有限公司
开　　本	787mm × 1092mm　1/16
印　　张	11.75
字　　数	200 千字
版　　次	2022 年 3 月　第 1 版
印　　次	2022 年 3 月　第 1 次
书　　号	ISBN 978-7-5768-0238-2
定　　价	72.00 元

版权所有　　翻印必究

前　言

大学阶段，是青年学生成长的关键时期，大学生的思维意识和政治素养将直接影响国家和民族未来的发展，高校学生是高校思想政治教育活动开展的主要对象，有效开展思想政治教育，在一定程度上影响着青年学生科学世界观、人生观和价值观的形成，影响着他们的思想倾向和价值追求。加强和改进大学生思想政治教育，提高他们的思想政治素质，把他们培养成为社会主义事业的合格建设者和可靠接班人，是我国高等教育事业必须始终高度重视和认真落实的根本问题。当前，互联网正以惊人的速度渗透人类社会生产生活中。高校是中国社会网络化的发展前沿，众多高校校园网络发展迅速，为高校思想政治教育工作带来新挑战。对网络背景下高校思想政治教育工作的开展情况进行研究，有利于促进教育工作者们积极采取措施应对目前网络背景下思想政治教育工作中出现的种种问题，将网络与思想政治教育工作相结合，充分发挥网络带来的优势，必能促进高校思想政治教育的良性发展。

本书分为五个章节。第一章为高校思想政治教育概论，分为两个小节，分别为高校思想政治教育概述、高校思想政治教育相关理论；第二章为高校思想政治教育现状及优化，从高校思想政治教育的现状、高校思想政治教育的优化路径展开论述；第三章为思想政治视域下大学生网络素养的培育，分为三个小节，分别是大学生网络素养的概述、大学生网络素养的现状以及思想政治视域下大学生网络素养培育的途径；第四章为网络背景下高校思想政治教育的改革创新，从三个方面展开论述，分别是网络背景下高校思想政治教育的相关论述、网络背景下高校思想政治教育创新的路径以及网络背景下高校思想政治教育者的应对策略；第五章为网络背景下高校思想政治"微教育"创新，分为三个小节，分别是大学生思想政治"微教育"理论概述、大学生思想政治"微教育"载体分析以及大学生思想政治"微教育"发展路径。

在撰写本书的过程中，笔者得到了许多专家学者的帮助和指导，参考了大量的学术文献，在此表示真诚的感谢。本书内容系统全面，论述条理清晰、深入浅出，但由于笔者水平有限，书中难免会有疏漏之处，希望广大同行及时指正。

姜利波
2022 年 1 月

目 录

第一章 高校思想政治教育概论···1
    第一节 高校思想政治教育概述···1
    第二节 高校思想政治教育相关理论··25

第二章 高校思想政治教育现状及优化··28
    第一节 高校思想政治教育的现状分析·····································28
    第二节 高校思想政治教育的优化路径·····································49

第三章 思想政治视域下大学生网络素养的培育·································80
    第一节 大学生网络素养的概述··80
    第二节 大学生网络素养的现状··88
    第三节 思想政治视域下大学生网络素养培育的途径·······················97

第四章 网络背景下高校思想政治教育的改革创新·····························105
    第一节 网络背景下高校思想政治教育的相关论述··························105
    第二节 网络背景下高校思想政治教育创新的路径··························124
    第三节 网络背景下高校思想政治教育者的应对策略·······················144

第五章　网络背景下高校思想政治"微教育"创新 ················· 156
　第一节　大学生思想政治"微教育"理论概述 ··················· 156
　第二节　大学生思想政治"微教育"载体分析 ··················· 157
　第三节　大学生思想政治"微教育"发展路径 ··················· 161

参考文献 ··· 172

第一章 高校思想政治教育概论

高校思想政治教育工作是提高我国高等学校人才培养能力、完善高等学校人才培养体系、提高社会主义高等学校的国际影响力的有力手段。本章对高校思想政治教育相关内容进行阐述，分为两个小节，分别是高校思想政治教育概述、高校思想政治教育相关理论。

第一节 高校思想政治教育概述

一、我国思想政治教育的历史渊源

我国自古以来便是礼仪之邦，对于思想政治教育的重视一直是有目共睹的。我国与西方各国在历史、文化、意识形态、政治体制等方面虽有较大差别，但是对于以思想政治教育为主的政治教育却有很多共同之处，比如注重培养学生礼貌、诚实、正义感、社会责任感。实现思想政治教育的教学目标不仅是为求学生人格全面发展，更是为了满足我国时代发展的需要。在中国共产党的领导之下，学校教育更要重视加强学生思想政治教育。

（一）原始社会中的德育内容

在原始社会条件下，人从自然界分化，与动物区别开来，便是从开始使用工具进行劳动开始。在人与人的交往之中，伴随着集体生活中意识、情感、智慧的觉醒，人所独有的德行的萌芽也得以生长。其中包括天生具备的集体生活意识以及相互依存的集体精神。这种原始朴素的德育内容被北京师范大学黄济教授称为"生活式的德育"。

（二）古代中国思想政治教育

我国古代德育的内容可以概括为以下两点。

第一,德育与政治相联系。政治教育、思想教育、道德教育都与君权统治有很大关系,比如说忠君报国的思想等。思想政治教育内容更多的是为政治教育而服务。

第二,道德教育内容已渐趋繁荣。先秦的"百家争鸣"现象展现了非常丰富的道德教育内容,很多思想对现今发展也有极大的研究意义,比如法家的"法制"教育、道家"寻道"思想等等,我国思想政治教育史留下非常灿烂的色彩。

(三)近现代中国的思想政治教育

近代以来我国思想政治教学开始呈现学科化特点。清末时期的思想政治教育,以中国传统道德教育理念为基础,同时不断吸收渗透资产阶级自由、平等、民主思想。在推翻帝制建立民国之后开始倡导公民教育,开始出现"公民"课。如当年北京师范大学附中各学年均设有"公民"课。真正意义上的思想政治课是中华人民共和国成立之后产生的,其间经历了复杂的创立发展与改革创新过程。现今思想政治教学是我国学校德育的主要途径,是我国精神文明建设的基础和主要形式。我国思想政治教学致力于培养学生高尚的道德情操,帮助学生养成良好习惯,培养全面发展人才,这符合于我国精神文明建设的思想建设工作。

二、高校思想政治教育的基本内涵

广义上的思想政治教育,指一个群体为了巩固自己的统治、维护自身利益以及顾全大局发展而对其群体内全部成员的思想意识施加影响,通过灌输符合自身阶级统治利益的思想政治观点和道德模范等,实现群体成员思想道德符合阶级统治发展要求的思想道德标准。高校思想政治教育就是对在校大学生思想意识统一地加以影响,使其形成与社会发展所需的思想道德标准相符的思想观念、道德品质,为国家未来储蓄人才。这是高校一项教育目的明确、教育内容具体的活动。当前我国的高校为了达到其相应的教育成效,将理论灌输法与实践教育法有机融合。

(一)思想政治教育理论灌输法

高校通过思想政治理论课的课程教学,加深大学生的思想政治知识底蕴。目前而言,高校的理论灌输法不仅体现在相关的课程中,也体现在通过党组织推优及党员培养的方式进行思想政治教育。

第一,通过对团员的推优,安排其学习党课知识,配合完成党内实践活动等,在思想政治教育的过程中完成团员向党员政治身份的转变。

第二，通过对党员党内知识的培训和提高以及定期召开党内学习会议等活动，一方面考察和考核学生的思想意识和行为道德，另一方面更加强化了学生的政治素养。这种教育方式一般以非固定课程教育的形式在高校大学生中开展。这些理论课程，其中不仅包含了马克思基本原理、方法以及思想精髓的讲授，还包括马克思主义中国化的具体内容的讲授。从目前来看，高校的理论灌输法的具体教学模式和环节包括理论的教授、学习、宣传和培训以及研讨等环节，是高校开展思想政治教育最基础，同时也是最高效的方式。

（二）通过实践锻炼法开展教育活动

简而言之，就是通过合理、目的明确的理念引导和组织高校学生参加形式多样的能够提升其思想意识和道德素质的社会实践性活动。在多样化的实践锻炼活动选择中，既要顾及大学生的年龄特点、性格特征、学习能力以及不同年级等多方面因素，也要同时兼顾将适当的教学内容加以融入，彰显实践活动的教育性。通过实践教育活动，提升大学生的思想觉悟和认识能力，强化理论知识，达到理论知识内化的目的。但是，屈指可数的实践活动所呈现的教育力度和成效是微乎其微的，因此高校必须长期坚持实践锻炼活动，才能使大学生在反复的锻炼中提升认识，并将认识内化为自身信念。

（三）提供咨询辅导

高校思想政治教育的方式还包括咨询辅导法，该方法指教育者通过语言、文字等形式，并结合专业的科学理论和指导技巧，与受教育者进行沟通交流，对其进行思想启发和心理引导。

（四）高校辅导员的教育

高校思想政治教育最主要的教育力量就是高校辅导员。辅导员是高校思想政治教育队伍的重要分支，对于大学生思想政治教育工作而言其肩负重任。全国高校应严格按照1∶200的师生比例设置辅导员岗位，以确保大学生咨询辅导的质量[1]。

---

[1] 普通高等学校辅导员队伍建设规定. [J]. 中华人民共和国国务院公报，2017（34）：28-32.

三、高校思想政治教育的任务

（一）高校思想政治教育的根本任务

在党的十九大报告中，习近平总书记明确指出，"要全面贯彻党的教育方针，落实立德树人根本任务。发展素质教育，推进教育公平，培养德智体美全面发展的社会主义建设者和接班人。"①

我国的国家性质决定了我们的高校是党领导下社会主义高校，务必在党和国家发展全局的层面开展大学生思想政治教育，提高大学生对于科学理论的认知感和认同感，培养大学生对国家的自信和责任意识，提升学生政治素养，为社会主义现代化建设和中华民族伟大复兴中国梦的实现提供坚实的力量。把"立德树人"作为教育的根本任务，高度强调了高校德育的重要地位。改革开放以来，我国高校的发展非常迅速，科研成果不计其数，为社会、为国家创造了客观的经济利益和强大的物质支持。

当今高校，学生人数庞大，对于学生的思想管理，存在一定的漏洞和误差，加之高校教育者更加倾向于科研成果，因此对学生的思想状态很难全面了解。如此，高校思想政治教育与培养人的目标相悖。高校教育者应明确"立德"是"树人"的基础，坚持"育人为本，德育为先"，让学生清楚地明白"要做事，先做人"的道理。

一方面，德育为先，树人为要，将立德树人作为教育的根本任务，把握住了人的发展成长与社会发展进步之间的内在逻辑关系。社会的发展进步离不开社会人的贡献和推动，如果社会人均是无德之人，那么就会对社会发展进步起到反作用，因为道德作为一个系统，它是人类社会几千年来在不断总结经验教训基础上提炼出来的有利于社会发展进步的价值体系。遵循这种价值体系，就会顺应社会发展趋势，推动社会发展进步。违背这种价值体系，就是逆潮流而动的表现，最终损害社会发展进步。当今时代，我们提倡社会主义核心价值体系和社会主义核心价值观，以集体主义和爱国主义作为社会主义道德的原则与核心，这是经过实践发展检验了的必然真理。所以，教育作为培养人的核心活动，必须服务于社会主义的发展进步，必须将社会主义核心价值体系和社会主义核心价值观的推广确立，将其建基于人民群众内心的道德法则。

另一方面，德育为先，树人为要，将立德树人作为教育的根本任务，是中华

---

① 习近平. 决胜全面建成小康社会夺取新时代中国特色社会主义伟大胜利——在中国共产党第十九次全国代表大会上的报告 [M]. 北京：人民出版社，2017.

民族几千年来追求大同社会必须首先做到的前提。作为个体来说，中国文人期待的"立德、立功、立言"之"三不朽"追求影响深远，首要就是"立德"。对于社会国家而言，传统儒家王天下之治的社会理想，前提条件也是将君王的品德置于首位。任何一个人德不彰显，于家、于国、于己都是具有明显缺失的存在。回顾历史，可以发现，中国传统儒家主张的教化思想和实践，其中对教化的主体提出了明确的道德要求，如果教化主体不具备高尚的道德水平，就没有资格开展教化实践。这样的一种观念和坚持，为儒家教化思想在中国政治、经济、社会、文化、生态等各方面的文明建设中起到了至关重要的推动作用，也是中华文明传承至今的重要原因之一。为此，展望未来，将立德树人作为教育的根本任务，是中华民族站在民族复兴的历史关头所作出的正确的选择。

（二）高校思想政治教育的主要任务

1. 提高广大学生内心的满足感

首先，学生具有显著的主观能动性以及自觉选择性，在学习有关基础理论知识的过程中，他们并不是单纯复制所学内容，而是对这些知识进行消化与接受，思政教育要利用社会主义核心价值观来科学指导与引领学生，让他们产生积极向上的情绪，切实帮助广大学生树立坚定正确的理想信念，以便更好地形成良好的思维模式，进而得到心理上的认同感。

其次，由于学生在思政教育中占据主体地位，因此，他们内化的价值理念与思维模式都将体现在其实际行动上，学生不是被动接受知识的客体，而是带有强烈自主意识的主人翁。思政教育要利用丰富多彩的社会实践活动，例如组织学生参加志愿者活动、文化体育活动和知识竞技比赛等，使其在提高个人能力与实现个人价值的同时得到满足感，切实满足学生的自身需求与全面发展的需要，提高广大学生的幸福感以及归属感。

最后，则是学生之间具有明显的差异性，他们的成长环境、喜好与性格特点等方面有着较大区别，这让学生在情感、素养、认知以及能力等诸多方面都体现出完全不同的倾向。对此，思政教育应充分尊重学生之间的差异性，全面了解学生的潜在能力和兴趣，努力激发他们的自我优势，鼓励并支持学生自由发展，以便提高他们的精神境界，使其自我价值得到真正满足。

2. 增强思政教育实践的互动性

习近平总书记在全国高校思想政治工作会议上明确指出："思想政治工作从

根本上说是做人的工作，必须围绕学生、关照学生，服务学生。"[①] 思政教育是教师与学生双向互动的过程，彼此应在这一过程中各自扮演好自身的角色。作为教师要向学生提供高质量的教学内容，将基础理论知识进行整理和吸收，让教学内容尽可能靠近学生日常生活，充分运用好课堂教学这一主渠道，努力提高自身的语言艺术，探寻教与学之间的契合点。教师要做好课堂教学的指引者，构建自由探讨的平台，让学生成为课堂的主角，进而达到预期的课堂互动效果。在双方沟通交流时，需要注意彼此身份的平等性，积极融入情感要素，以便推动彼此更深层次的交流，在课堂活动中构筑信赖感，使学生产生情感认同。

此外，为了更好地开展双方深层次交流，教师应做到实体互动与虚拟互动有效结合，拓展互动形式，加快育人过程中的生活化，让双方在实际参与中体会到愉悦感。而对于学生来说，则应增强自觉性，努力学习和内化马克思主义相关理论知识以及思政基础理论内容，进一步巩固自身理论功底，提高个人认知水平，促进知识素养的不断提升，从而不断提升自己的知识能力。学生要积极踊跃地参加教育活动，与教师进行良好互动，让教师的供给与学生的需求之间形成强大的协同，这样可以在学习知识、提高精神境界的同时，得到崭新的价值支撑力量，因此产生全新的获得感。

四、高校思想政治教育的目标

（一）思想素质目标

要坚定贯彻马克思列宁主义、毛泽东思想、邓小平理论，掌握马克思辩证唯物主义思想，树立正确的三观，在生活中不断锻炼自己，尝试运用马克思主义的观点、方法进行思考和判断；培养集体至上的三观，批判享乐主义和拜金主义，明确个人利益要服从国家利益的思想，对建设富强祖国充满信心和力量，牢记为祖国燃烧才是青春美好的征途。

（二）道德素质目标

以集体利益为最高荣誉，个人利益要服从于集体利益，坚信团队合作的重要性和必要性；吃苦耐劳、勤俭节约，在生活学习工作中做到艰苦朴素，享乐在后；遵守法律，热爱国家，懂礼貌，讲诚信，为人团结和睦；积极进取，思想要具有

---

① 习近平在全国高校思想政治工作会议上强调把思想政治工作贯穿教育教学全过程开创我国高等教育事业发展新局面 [N]．人民日报，2016-12-09（01）．

正能量，用乐观豁达的心态面对生活，对于事业和学习要充满干劲，秉持着严肃认真的态度，能听进各方的意见和建议，从批评中吸取精华，努力完善自己的道德修养。

（三）政治素质目标

对于我国的国史和国情要了然于胸，对于我国优秀传统文化要加以发扬和继承，不忘初心，坚持共产党领导，继承先辈的革命精神和传统，坚决维护祖国统一和团结，将祖国的利益和荣誉放在首位。具有报效祖国、服务人民的思想觉悟，坚定拥护党的领导和国家的政策方针，做忠诚的爱国主义者。

（四）法纪素质目标

要致力于弘扬全民民主法治的风气，自发学习我国宪法，能够做到正确行使公民权利，维护公民利益，履行公民义务。要从根本上培养大学生的法律意识，教导学生做到自我约束、自我管理，能够运用法律武器作出正确的判断和决策。培养学生的勇气和抗挫折能力，在内遵守校规校纪，在外遵守社会公德和法律法规，自觉维护学校和社会的正常公共秩序，深刻领悟法治社会的建成需要每个人的努力，要让法治变为信仰融入大学生的思想道德教育中去，才能让思想转化为实际行动，使法纪素质教育贯穿教育教学过程始终。

（五）心理素质目标

心理素质是一个人心理过程和心理特征的体现，是衡量每个人在情感、意志、性格、行为等方面的综合标准体系。要培养大学生形成坚强、自爱的性格，增强他们的抗打击和抗压能力，使其具有比较好的自我调节能力，这将有益于大学生未来的工作、事业、婚姻、家庭等，保证他们在遇到挫折时可以不丧失勇气和信心，不断努力去改善困境，拥有良好的心态，从而拥有良好的人生。

五、高校思想政治教育的主要内容

高校思想政治教育的内容既要满足受教育者的思想需求，也要注重紧跟时代的步伐，做到与时俱进。

（一）世界观、人生观、价值观

高等教育的主要群体就是大学生，他们在意识形态上常常会受到各方面因素的影响。例如经常在网络上阅览信息，通过新媒体进行交流，更愿意接受新鲜事物等。大学生群体思想上正处于不够成熟稳定的发展阶段，如何解决好大学生在思想意识形态方面遇到的问题至关重要。高校思政教育内容的系统性就对这一问题进行了回答，用什么来培养新时代的大学生，把什么内容教给大学生，体系中教育内容这一要素怎样配合高校思政教育工作中的其他要素，确保各要素协调一致、同向同行，确保思政教育建设的有效性，可以看出在体系建设中教育内容这一要素起到了支撑作用。

关于"三观"的教育正是思政教育中的基础理论教育，要培养拥护党的方针政策、政治觉悟高、思想先进大学生。对高校学生开展"三观"教育，坚持马克思主义理论教育，这是引导大学生提升三观的根本路径，是塑造青年学生思想、灵魂的基础。

世界观是人们对于世界的根本看法和根本观点，反映着人们对于人与世界的关系、世界的本质以及人的生存价值和地位的一系列基本问题的观念集合。高校大学生处于树立正确世界观的重要时期，务必用科学理论对其思想进行引导。马克思主义作为党的指导思想，同时也是党制定政治目标、确定政治方向的基础。我国的高校始终坚持红色旗帜的引领，因此，思想政治教育中世界观的教育内容就是马克思主义科学理论教育。其中，包括了辩证唯物主义、马克思主义认识论以及历史唯物主义等方面的哲学原理和方法论指导，还包括马克思主义中国化的具体内容。习近平总书记多次强调，坚持以马克思主义理论作为社会主义现代化建设的指导思想，坚持不懈地进行马克思主义理论教育。大学生是国家未来稳定发展的重要力量，必须对其进行科学理论教育，使其提高政治素养，明确政治站位，为国家和社会未来的发展作准备。

世界观从根本上影响了人的思维方式，马克思主义科学思想体系告诉我们世界观的塑造影响着人生观和价值观。其中人生观是世界观的重要组成部分，简单地说，人生观是一个人对生活的态度，在生活中所形成的个人目标、生活意义都属于人生观的范畴。人生观具体表现为荣辱观、善恶观、是非观、义利观等。每个人所处不同的成长环境，拥有不同的生活经历，受所处环境影响，在日常生活中实践经历的不同造就了不同的人生观。树立正确的人生观对大学生至关重要。高校要用马克思主义理论教育和引领大学生树立正确的人生观，正确的人生观的的基本特点是集体主义，集体主义的意义在于对社会的奉献，要培养大学生为社会奉献的人生观，培养大学生自强不息、吃苦耐劳、勇于奉献的精神作风和高尚品格。

价值观是一个人的人生观与世界观的直接反映，新时代大学生要树立马克思主义价值观，抵挡拜金主义、享乐主义等腐朽思想的侵蚀，积极奉献社会、回报社会。

（二）道德观

道德观体现了一个人的道德意识和水平，马克思主义道德观主要表现为一个人在处理个人与社会集体关系、个人与他人之间的关系时所遵守的准则。人的道德观核心是个人行为在个人利益中所占比重的大小。个人所处的环境不同、社会阶级不同则会形成不同的道德观。高校思政教育工作中的思想道德修养教育应围绕习近平总书记关于思想道德建设的重要论述展开。习近平总书记关于思想道德建设的重要论述继承了马克思主义全心全意为人民服务的基本立场，始终辩证唯物地看待问题，同时在马克思主义道德观上进行了丰富和发展，又蕴含了优秀的中华传统文化的思想。新时代的道德观要求大学生树立讲文明、讲诚信、知行合一的道德观，树立艰苦奋斗、无私奉献、为人民服务的道德观。

高校思政教育的根本宗旨是立德树人，要求把道德观教育贯穿于思政教育的全过程，对大学生进行道德观教育在高校思政教育工作中占有举足轻重的分量，开展大学生道德观教育需要高校、社会、家庭的多方面努力，引导大学生自觉抵制个人主义、享乐主义、拜金主义，修身立德，成长成才。

（三）理想信念教育

这是高校必不可少的教育内容。党的理想信念就是共产主义，正是因为有着坚定不移的信念，我们党才能够克服一个又一个困难，取得革命、建设和改革的胜利，我们国家才能够应对一次次的挑战，在排除困难、解决问题的过程中，实现国家稳定发展。对于高校大学生而言，其必须拥有坚定而正确的理想信念，才能在未来握好国家发展的接力棒，朝着正确的方向不断前进。习近平总书记在参观复兴之路时首次提出"中国梦"，并且号召全国人民共同努力实现共同的宏伟梦想。大学生是国家发展的中坚力量，关系着未来国家的发展，关系着能否实现中国人民宏伟的"中国梦"。

（四）爱国主义教育

爱国主义教育是国家稳定发展、历史向前推进的巨大精神力量，是一种集热爱祖国、报效祖国、忠诚于祖国的思想、意志、情感于一体的社会意识形态的体现。在新的历史时期和时代背景下，爱国主义教育愈加重要。高校爱国主义教育主要体现在对党史、党情、国史和国情等方面的基本知识的学习，也包括民族团结和国家统一等国家安全方面的教育。爱国主义教育就是要不断强化大学生的爱国意识，使其内心对祖国有强烈的归属感。因此，爱国主义教育不仅有利于学生自身的发展，培养了其爱国主义情怀，更是关乎国家未来的前途命运，为未来能够稳定发展扎实根基。

（五）传统文化教育

一个国家的文化是这个国家的历史发展以及具体国情的体现，代表了国家的历史文化底蕴，是国家和民族的精神和灵魂。我国的文化是经历了数千年的历史发展历程，是中华民族之根，我们要继承优秀传统文化，并将其不断发扬光大。高校思想政治教育中不能脱离传统文化的教育，要让大学生在了解中华文化的基础上实现更好的传承。对于传统文化的传承，我们保持批判继承、推陈出新的态度，使中华优秀传统文化在当代青年心中生根，内化为气质，外化为为人处世之道，在新的时代呈现出新的生机，焕发新光芒。

（六）社会主义核心价值观教育

社会主义核心价值观作为社会主义价值体系的核心内容，不仅是一种社会价值理念，更是人们的行动指南。加强引导大学生培育和践行社会主义核心价值观，不仅是党的重大决策，更是思想政治教育的重要内容，突出强调了大学生群体对于国家未来发展的重要性以及对大学生进行社会主义核心价值观教育的必要性。"勤学、修德、明辨、笃实"的社会主义核心价值观教育要求学生学好知识，提高自身道德修养，树立正确三观，明辨是非，并在实践中提升自己。高校大学生必须从现在做起，根据以上要求严格要求自己，并在未来身体力行地投身于国家和社会建设。

六、高校思想政治教育的基本特征

（一）时代性

高校思想政治教育必须牢牢跟上当代社会的发展节奏，要具有鲜明的时代性特点，时代性特点在教育内容中要有所体现，比如当前形势下中国共产党的政策、方针、路线，而上述有关党的理论是如何获得的，在现实生活中又有什么样的应用和依据，这些都是很重要的，思想政治教育也只有融入新时代的理论内容才具有生命力，才更容易被大学生掌握。随着改革开放和社会主义市场经济的不断发展，大学生的思想、价值观取向与以前相比产生了巨大的变动，受到了前所未有的影响。随着外来信息的不断涌入，人才需求的扩大，青年学生有更大更好的舞台来发挥自己的才能。但同时，世界上不同民族文化的价值观、生活理念随之涌入，形成了思想碰撞，导致了文化和意识领域的丰富化、多样化。而且当前信息全球化、网络全球化加快，也对当代学生思想政治教育提出了新的挑战，学生在生命中遇到的很多问题都很难有标准的答案，这使得教育者在给予学生正确信息这方面的权威受到了挑战，这是高校学生思想政治教育工作需要思考的新问题。时代性特征就是指思想政治教育要使理论联系新时代的实际，这就考验了思想政治教育者的理论驾驭能力与结合实际解决问题的能力。只有具备上面所说的品质和能力，对于实际遇到的问题才能有更透彻更有深度的理解，思想政治教育才能达到新的高度。

（二）民族性

民族性对于一个民族、一个国家是至关重要的存在，民族文化是大浪淘沙留下来的精华产物，凝聚了一个民族的思想精髓和智慧结晶，随着传播和继承早已融入人民的灵魂中。民族文化造就了不同民族的不同习俗和特点，民族性是文化的脊梁，是文化价值存在的基础和前提。弘扬中华民族传统文化是思想政治教育工作的重要内容，能够提升大学生的民族自尊心、认同感、自豪感，能够有效帮助青年形成正确的人生观、价值观、世界观，从而拥有优良的性格品质。中华民族的传统文化具有悠久的历史和深厚的底蕴，一些思想和理念至今仍然散发着生机和活力，仍然具有可借鉴性。在中华民族的历史长河中，儒家思想经过了大浪淘沙，承受了历史的考验，在新时代社会的发展中仍然展现其不断更新的内涵。儒家所倡导的忠、孝、礼、义、廉、耻等人类社会道德标准造就了中华民族的民族精神。经过民族精神的洗礼，大学生的道德文化素养可以大大提高，有助于学生成为新时代的优秀人才。

（三）综合性

在探讨人的思想品德形成的时候，与其关联的社会因素、人的自身因素、外界因素都可以作为需要参考的变量，这体现了高校思想政治教育的综合性。因为在实际生活中，人的思想和作出的选择不能用单一标准来判断，社会中存在着很多类型、很多层次的束缚和制约，每一种思想政治教育出现的问题也都有其背后不同的影响源。所以多角度、多方面对学生的行为进行立体、全面的分析，是高校思想政治教育综合性特征的体现，绝不能把一个复杂的人和复杂的情况简单考虑。

思想政治教育的综合性还体现在要运用多学科的知识进行研究。思想政治教育工作除了在政治理论的指导下进行，也需要教育学、伦理学、心理学、社会科学等方面的知识。且仅马克思主义一门学科，就是对社会和人类极为复杂的综合性讨论总结，要运用其展开教育本身就有很大的复杂性。思想政治教育归根结底还是有关教育的、有关人类的，所以涉及的方面非常广泛。

七、高校思想政治教育的教学原则

（一）人本原则

人本原则，顾名思义就是以人为本的原则。"人本"这个概念在中华优秀传统文化中由来已久。

《尚书·泰誓》中提到的"惟人万物之灵"[1]是中国古代社会中最早的与人的价值相关的记载。这一说对人的价值进行了肯定，表现出了只有人才能创造历史以及推动社会发展的思想。此外，《尚书·五子之歌》中也写道"民为邦本，本固邦宁。"[2]指出了对于国家来说，人民是根本和根基，只有让人民的问题能够得到良好的解决，国家才能够安宁、安定。《管子》中提到"夫霸王之所始也，以人为本"[3]，指出国家的基业要想稳定统治，首先要从以人为本开始，这是中国古代史上第一次以以人为本的字样出现的关于以人为本的思想。但是，这里的以人为本中的人从一般意义上来说指的是民，即以民为本，与我们现代意义上以人为本中的人还是有区别的。《孟子》中记载着"民为贵，社稷次之，君为轻"的语句，《荀子》中也提出了"君者，舟也。庶人者，水也。水则载舟，水则覆舟"[4]，把民比喻为水，君比喻为舟，提出了舟要靠水来载的思想。这些记载都反映出了那个年代的学者们关于民本思想的思考，同时也表现出了在中国古代封建社会的统治下，统治阶层通过民本思想来麻痹广大民众，从而达到他们进行统治的目的。

汉代的贾谊提出了民无不为本的主张，他指出大到国家、社稷，小到官吏，其立足的根本都应该以人为本。这就在理论上说明了人民能够对社会的发展起到

---

[1] 尚书[M]. 王世舜，王翠叶，译注. 北京：中华书局，2012.
[2] 尚书[M]. 王世舜，王翠叶，译注. 北京：中华书局，2012.
[3] 孟轲. 孟子[M]. 上海：文化出版社，2013.
[4] 荀况. 荀子[M]. 安小兰，译注. 北京：中华书局，2016.

重要的作用，体现出了对民众的重视。贾谊的这种思想一直存在并进行发展，到了明清时代，这种思想逐渐演化成了最初的民主主义思想。在《原君》中，黄宗羲提出了"以天下为主，君为客"①的语句，表达出来的思想为：人民应该是国家的主人，而君主是为人民服务的，为中国近代历史上民主思想的发展奠定了良好的基础。

纵观中国古代史中关于人本思想的记载，不难发现，在我国古代人本思想主要是定位在民本的基础上的。古代历史中与人本相关的思想将各家学者和各个阶层的统治者对民本的思考进行了体现，同时也是民众对自己社会定位的思考。但是这些思想都或多或少地涉及了人的问题，因此这些思想对于现今人们所倡导的以人为本的理念也具有十分重要的借鉴意义。

这显示出了人本原则在中国有着广泛而深刻的理论基础与普遍认同。而在马克思主义理论中，关于人本原则的思想也是马克思主义理论中最重要的内容之一。

人本原则在高校思想政治教育中更着重于作为个体的人的个性的释放与发展，形成一种对人在社会中扮演重要角色以及发挥着重要作用的肯定。这个个体不仅是指学生个体的自由发展，也是指作为教育者的教师同样也是主体之一，承担着重要的责任。思想政治教育工作坚持人本原则实质上就是坚持以人为本的教育理念，将教育者与受教育者都放在主体的地位，将马克思主义的基本观点运用到日常教学工作中，实现教学资源、综合管理、思想指导三者的有机结合，使高校青年学子树立正确的价值观、世界观、人生观，为今后个人的发展与国家的前进打下良好基础。

坚持人本原则就是坚持贴近主体之一的受教育者群体，大量具有重复性的精准社会调查均证明，现如今我国青年学生的政治素养和思想教育水平总体来说较为良好。他们在日常生活和学习中思想活跃，拥护中国共产党，热爱祖国，并在社会和学校的双重影响下成长为对中国道路、理论、制度、文化等方面充满自信的社会中坚力量，并且坚信社会主义现代化伟大蓝图和中华民族伟大复兴的壮阔目标能够实现。可是，在西方资本主义意识形态的冲击下，我国部分大学生思想同样也面临着冲击和挑战，而且逐渐受到一些拜金主义和民族虚无主义的影响，表现出对过往历史和民族英雄甚至是对中国共产党的质疑和否定。作为思想政治教育理论传播载体的高校如果不能够深刻认识到贴近青年学生，彻底了解他们的思想变动历程的重要性，那就只能是被认为进行"灌输式"教育。高校思想政治教育工作者理应深入学生群体，想学生所想，急学生所急，切身感受学生的思想

---

① 黄宗羲. 明夷待访录 [M]. 段志强，译注. 北京：中华书局，2011.

需求,更进一步地与学生沟通交流,运用全新的教育教学方法去了解青年群体的思想症结、心理诉求,将自己置身于青年学子的群体中去,才能在生活和学习中与他们进行更好的交流和沟通,达到教育双方的相互理解和支持。

(二)求实原则

1.思想政治教育必须适应我国社会发展与人民群众的客观实际

群众作为社会的主人,其本质是一切社会关系的总和。因此,群众个体所拥有的社会关系以及社会意识等因素,不仅会对群众思想的变化发展产生影响,而且还会对其起到制约的作用。思想政治教育对于群众个体与群体的思想转化都要加以重视,并且要重视社会风气以及舆论能够起到的作用。这就要求,思想政治教育出发点与立足点一定要是社会发展的实际以及群众的思想问题现状,不仅应该将群众看成是一个整体,在相同的起点上进行教育,还应该对千差万别的群众思想问题深入细致地进行研究,并对其加以解决。这样一来,就能够让理论与实践紧密地联系起来,让思想政治教育本身的针对性以及有效性得到增强。要想能够对群众思想发展变化的规律有准确的了解与掌握,那么就只能与实际紧密贴合,做好与之相关的调查研究工作,让思想政治教育的针对性、系统性以及创造性不断得到增强。

2.思想政治教育必须与利益引导相结合

群众的思想、行动都与其自身利益密切相关,利益是群众进行生产及一切活动的动因,同时也是群众思想问题产生的根源。马克思主义的基本原则,就是让群众对自身的利益有充分的了解,并且让群众团结起来,为之进行奋斗,所以应该将群众利益作为着眼点进行思想政治教育。从利益导向上看,社会中一切人的关系都是利益关系,社会矛盾之所以会产生,就是因为在利益上存在着差异或者利益是对立的。执政党如果想要将人心凝聚起来,让矛盾得到协调,从而形成强大合力,其坚持的利益导向一定要是正确的。利益导向正确,社会不同阶层和群体就会从根本上协调一致,能够共同行动和增强社会合力。在我国,国家、集体和个人利益从根本上就是一致的。我们进行思想政治教育的主要任务,就是引导人们认清这种一致性,为共同利益而奋斗,并且在奋斗的过程中让自我价值得到实现。毋庸置疑,个人、集体与国家的利益是不可分割的。

3.思想政治教育工作要有求真务实的作风

求真务实是党的优良作风的集中体现,也是思想政治教育工作必须坚持的。思想政治教育工作者必须养成求真务实的作风,把求真务实、言行一致作为自己思想和行为的重要准则。要做到求真务实就要不唯上、不唯书，实话实说，实事实办，少搞形式，不尚空谈。要爱岗敬业，把工作当事业干、当学问钻，既练"唱功"又练"做功"，勇于探索、创新。以身作则，率先垂范，以自身的模范作用教育群众，引导群众，激励群众。

（三）知行统一原则

思想政治教育教学绝对不是学习文件、学习材料，或是由各个有关学科的知识拼凑起来的一个集合，它应当有一个系统的学科体系。在这个方面，我们优秀传统文化中的教育思想，有丰富的案例，可以好好研究。我们要建设中国特色思想政治教育教学基本体系，建设我们共产党人自己的理学，建设我们共产党人自己的心学。思想政治教育教学就是理学、心学，当然我这只是借用，不是要复活传统的理学、心学，理学就是规律之学，心学就是修养之学，围绕规律之学、修养之学，践行立德树人的职责、根本使命，来完成这个根本任务。知行统一原则就是思想政治教育教学所要追求最终目标。知行统一就是理论与实际相结合，思想政治教育的教学重点就是使学生的思想和行为在实践中达到一致，理论对实践有指导作用，实践是检验理论正确与否的唯一标准，马克思主义认识论中明确要求我们要用理论联系实际的方法去认识客观事物，这既是对客观事物进行正确认识的原则，也是构建任何教学建构都需要遵循的原则。

行动是获得知识的动力，思想政治教育教学作为指导教学实践行动最基本的理论指南，它首先必须是正确的科学的知识，进而又能指导教学行动的正确方向。思想政治教育教学与学生的思想行为密切相关，是培养学生思想道德素质，使学生更好地认识社会主义主流价值观，形成社会所认同的思想政治观念，并用以指导实践，即教学就是转变或提升学生思想的过程，这一过程只有通过学生认知上的转变和提升才能实现，只有让学生在对正确的思想观念进行了解、学习的基础上，坚信这一观念的真理性，并用以实践，形成知行统一，才能说达到了教学目的。知而不行，那"知"就失去其意义，对于思想政治教育教学来说，这样的教学就是失败的教学。知是前提，而行是目的，知行统一才能达到用正确的理论指导实践的目的。因此，遵循知性统一原则有助于思想政治教育教学实效性的提高与目标的达成。在研究思想政治教育教学时遵循这一原则可以在研究过程中避免教学中教条化、公式化的倾向，坚持这一原则是正确建构合理教育教学体系的保障，有助于解决知与不知、行与不行的矛盾。在思想政治教育教学中，要使学生对基本理论的形成、发展的过程有基本的了解。因此，要对理论产生的背景进行阐述，从而引领学生感受理论的形成、发展的过程。有了这样一个感同身受的接收过程，才能在获得知识之后有一个与知相一致的行，思想政治教育教学体系的构建也必须遵循这一知行统一的原则。

（四）心理相容原则

1. 心理相容原则的含义

心理相容是一种群体特性，是指群体中各成员之间由于理想、信念、观点一致而形成的一种融洽的心理交往状态，是良好人际关系在人们心理上的反映。每个人都是独立的个体，由于所处社会环境不同、社会经历各异以及认知水平参差不齐等，个体之间存在一定差异，主要表现在能力、思维、兴趣爱好、性格和气质等方面。在实际生活中，个体之间又有着相互联系、相互依存的关系，只有承认自身与他人的差异，做到相互理解、相互包容、相互信任和相互支持，个体之间的关系才能呈现出良好的发展趋势，社会也才能和谐发展。心理相容是实现个体之间"你中有我，我中有你"融洽关系的前提和保证。单独的个体只有在充满信任、理解、包容和情感交流的心理环境中，才能激发其主观能动性，使其更具活力、创造性、创新性，更能以乐观健康的心态面对生活、学习以及工作，实现自身价值。个体之间只有心理相容，才能创造一个积极的心理环境，从而将个体的力量凝聚在一起，齐心协力实现集体的奋斗目标。

2. 坚持心理相容原则的意义

（1）有利于营造良好的心理氛围

在思想政治教育中，心理相容原则促进了教育者与大学生的相互理解、相互信任、相互依赖，形成了融洽、交流无障碍的师生关系，营造了良好的心理氛围。大学生在与教育者进行交流时，双方关系融洽，没有歧视、猜疑或矛盾，就能敞开心扉，畅所欲言，说出自己所思、所想、所忧，为教育者全面掌握大学生的思想动态提供便利，让教育者可以在思想政治教育过程中因材施教，从而让高校思想政治教育工作更加具有实效性。

（2）有利于教育主客体充分发挥主观能动性

一方面，心理相容使大学生保持积极乐观的心理态度，不论是在生活上、学习上，还是在未来的工作中，都能充分发挥自身的主观能动性，激发思维潜能以及学习热情，促使他们积极主动地接受正确的引导，提高他们的学习效率和学习质量，让他们的学习更具创造性、包容性和多样性，在实现个性发展的同时实现自我价值，进而获得心理满足感和成就感，形成一种良性循环。另一方面，教育者看到大学生在自己的引导下，以积极乐观的态度面对生活、学习和工作，也会获得满足感和成就感，进而激发教育者的主观能动性，继续以积极乐观的态度投入教育工作。

（3）有利于消除大学生的逆反心理

大学生的世界观、人生观、价值观正处于发展期和形成期，对问题的了解并不全面，常常只知其表象而不知其本质。再加上部分大学生的个性强，自我管理能力差，常常以自我为中心，当自己的一些做法不被家长、教师、朋友所理解和信任时，就会产生消极对抗的情绪，出现逆反心理。运用心理相容原则，教育者会主动关心、尊重、爱护大学生，让他们感受真诚的人文关怀和情感温度，触动其内心，让大学生能够对其产生信赖感，对于教育者进行的正确引导愿意主动接受，并且能够听取不同的意见，进而消除大学生的逆反心理。

3.运用心理相容原则的必备条件

（1）教育者与教育对象价值观的接受和认可

心理学中的相似性原理指的是拥有大致相同或者较为相似的观点的人，能够更容易相互理解，吸引彼此，生活中大多数人喜欢接近有相同观点的人。教师和学生如果在信仰或者价值观等方面有较为相似的地方，就会使他们有一种"彼此相像"的感觉，这样，他们在心理上就能理解彼此，易于接受彼此。在这种情况下，教师应主动通过开展各种活动接近学生，让他们自觉地在各种实践活动中形成符合社会需要的思想观念，这样形成的思想观念比空口说教更有效。

（2）教育者应具备良好的人格魅力

科技的发展，社会的进步，使得传统意义上的教师权威受到挑战，教师的知识储备如果不足，会导致失去教育的权威性及学生的信任。此外，教师不仅要提升个人的能力素质，还要提升个人魅力，拥有良好的个人品质。教育者是教育实践的指导者，榜样的示范力量会使教育者像一块磁铁吸引着受教育者，从而引导他们的言行，所以教育工作者要时刻重视自我教育的作用。教育者的道德素质和个人能力应该符合教育工作者的期望。否则，教育效果将大大降低。

（五）问题导向原则

要重视对思想理论领域问题的引导，努力排解矛盾的负效果，倡导积极健康的社会心理，坚持思想政治教育教学导向指引性的实践指向。思想政治教育教学的实效问题、质量问题的出现是教学面临的重中之重问题，我们需要根据现实情况，坚持以问题为导向展开研究。

1. 坚持问题意识

在实际的教学工作中要自主自觉去寻找有价值的论题论点，并运用科学的方法展开研究，尤其是对当前学科领域的前沿问题进行探索。在前人认为已有答案的地方，可能恰恰是问题所在。在思想政治教育教学研究中培养问题意识与提升教学实效性，要从实践和理论两个层面展开。首先从实践层面来讲，一是教师要在日常教学工作中善于发现和善于总结，逐步概括出具体内容；二是教师在教学实践中要实现科研与教学有机结合，从教学中完成的科学研究；三是高校要以教学的社会实践为载体，通过实践活动挖掘教学的具体内涵。其次从理论层面来讲，一是把握马克思主义关于范畴的经典理论与教学的结合点；二是明确当前马克思主义中国化的最新理论成果是培养问题意识的方向和宗旨；三是对当前的基础理论的不断反思和完善，形成思想政治教育教学问题意识的源泉。

2. 坚持开放意识

在对学科领域内的前沿问题展开研究中，要以开放的眼光看待问题，吸收其他的学科知识的有益成果，完善自身，以平等的态度对待中西方文化，取其精华，去其糟粕，助力于马克思主义理论及思想政治教育教学的建设和发展。一是增强从交叉学科的视角进行思想政治教育教学研究的自觉性；二是思想政治教育教学要面向世界，放眼全球，这是促进学科综合化的现实需求，即在对教学的研究过程中要坚持全面性和联系性，以发展的眼光对待问题的研究，以动态的方式对教育范畴进行构建，与实践相联系，用实践检验教育范畴的真理性。教学实践过程是一个运动变化发展的，在研究教学时，要重视对教学过程中研究对象与社会环境发生的相互联系、相互作用的关系的分析，其关系会在一定时期内保持稳定，但不会固定不变，由其形成的真理具有相对性，而对其的认识则是无限性的，即开放性。开放意识也是由思想政治教育教学的相对的利益性特征所决定的，思想政治教育教学是一个系统，必然具有系统固有的开放性。

3. 坚持改革创新意识

对教学理论的研究要持一种创新思想，要敢于打破常规，不破不立，只有打破，才能产生新东西。在研究过程中勇于吸收新思想、新元素，用兼具独创性、新颖性和开拓性的思维方式为教学发展创造内生动力。思想政治教育教学是与实践密切相关的，其作为研究对象的大学生各具特色，要根据研究对象的需求，有目的有意识地进行改革和创造性活动。教学体系的建构本身就是高校教学基本理论的一个改革和创新，改革创新意识是由教学的相对的利益性特征所决定的，遵循改革创新意识，必须及时地更新新时代高校思想政治教育教学的基本内容，使之更加充满生机与活力。

八、高校思想政治教育的基本功能

高校思想政治教育的基本功能表现为它对中国特色社会主义思想政治教育教学实践活动的保障功能，还体现在思想政治教育教学实践中的方法功能，同时，它对培育大学生马克思主义观点、立场、方法，培育大学生社会主义核心价值观，以及开展中国理想信念、价值、精神的入脑入心的教学活动有建构功能。

（一）保障功能

1. 师生顺利高效完成教学任务

思想政治教育最重要的功能之一就是保障师生顺利高效完成思政课的教学任务。它能够使教师更加深刻地掌握这项教学实践活动的本质和规律，能够帮助学生更好地掌握教学内容，能够帮助师生达到预定的教学目标和教学要求，从而取得良好的教学效果。

思想政治教育教学是经过科学抽象和高度概括后的概念。人们通过对思想政治教育教学的研究，树立正确的、科学的教育范畴体系，能对教学实践活动有更深层次的认识，有助于揭示研究对象的本质和规律，对师生顺利高效完成教学任务有重要的保障作用。

首先，它是思想政治理论课教学理论本质和规律的手段与工具，这一教学包含着已有的学科教学理论知识。通过思想政治教育教学的推演、概念的移植等方法，对教学领域的种种关系产生新的认识，归纳总结出思想政治教育教学过程中的新特性和关系，进而架构出新的范畴，由此产生出新的理论。思政教育教学基本理论框架的发展创新是基于范畴的产生和形成，而思政教育教学的产生和转化会对其教学理论产生新的变化。通过不断的研究和发展创新，对思想政治教育教学领域内的现象有一个新的认识，包括特性、关系，甚至是范畴的基本内容等都会有不同的认识，这就是促进思想政治教育教学理论体系完善和发展的新时期。

其次，它是思想政治教育教学实践活动本质和规律的手段与工具。思想政治教育教学对教学的思维方式具有引导更新作用，使思维与时俱进。在对思想政治教育的研究、推演的基础上产生出思想政治教育教学的具体内容，这实际上就是思维运动的结果，通过对已经存在的范畴进行深一步的探索，产生新的范畴并揭示其概念。通过对教学范畴不断深入研究，它能对教学中的各种现象的认识从感性上升到理论层面，为思想政治教育教学实践活动指明方向，确保师生顺利高效完成教学任务。

2. 大学生树立正确的理想信念

通过思想政治理论课教学可以使学生完整地、准确地、科学地理解和把握马克思主义的科学理论，避免了对马克思主义理论片面的、肤浅的理解，同时也可以避免或减少某些学生用个别结论、现象代替或否定马克思主义的观点立场、真理性等。通过思想政治教育教师用科学的方法向学生讲授思想政治理论这一科学的内容，可以引导学生对科学世界观和方法论的掌握，并在实际运用过程中不断加深对马克思主义理论的理解，从而牢固树立正确的理想信念。

人们借助思想政治教育教学对其实践过程中出现的种种现象、问题、关系都统一到一个有机体里，对其进行全面的、整体性的分析阐释，从而能更好地认识和把握这一系统。把其作为思维工具对教学进行指导，帮助学生树立正确的理想信念是研究思政教育范畴的重要作用，构建思政教育范畴体系，完善思维形态是教学理论研究的重要任务。通过思想政治教育教学指导教学实践活动，对保障大学生树立正确的理想信念有重要意义。

3. 提高大学生的思想政治觉悟

思政教育范畴是通过思维逻辑对具体的现象进行抽象化，而其功能则是把抽象的概念具体化，用以指导实践。换句话说，这一教学就是从逻辑层面展现了教学过程的系统性和整体性，从而构成教学理论的基础。

随着教学手段的不断发展，实践活动内容多样，形式各异。思想政治教育教学对教学的每一环节产生、变化、发展的基础，以及教学中的诸要素的位置、作用都有明确的规定，它对教学的指导作用，是教学效果和目的达成的保障。在思政教育开始前对教师的所采用的教学方式方法也具备指导作用，也是教学方向的重要影响因素，保证教学内容和对学生思想的引导方向是正确的，是与马克思主义所提倡的思想、政治、价值观念保持一致性，保证对大学生培养的是正确价值理念和政治方向，通过思想政治教育教学范畴的研究探索，有助于更好地掌握这门课程教学的理论知识，对提高大学生的思想政治觉悟及坚定正确的政治方向有保障作用。

（二）方法功能

思政教育是一门对学生传授具体的科学知识的课程，其教学范畴在本质上是体现对教学过程的方法论指导。思想政治教育教学的方法功能主要包括三个层面，首先是思维中的概念辩证法和对客观世界认知方法，有助于解决大学生成长过程中的各种思想困惑；其次是思维的工具和认知客观世界的中介手段和体现思维的各个环节，有助于促进大学生的全面发展；最后是对现实对象的本质规律和内在关系的摹写和规范，能激发思维的超越，有助于建设高校社会主义精神文明素质基础工程。

1. 解决大学生成长过程中各种思想困惑

思政教育的形成和范畴体系的构建，都是通过概括和抽象思想政治教育教学实践过程中出现的所有现象，包含一般的和个别的现象，进而形成教学中最一般、最本质的概念。

思想政治教育作为高校思想政治工作的主要场所和阵地，与学生密切相关，承担着微观层面的解惑工作。思政教育是以思想政治教育教学为研究对象的，其是总结和概括这一教学领域内的最本质、最基本的特点和规律，首先就突出体现在其能为大学生在其成长过程中遇到的各种思想困惑时提供方法指导。思想政治教育教学不是简单地对学生进行正面灌输和传播思想理论知识的过程，重点是要在学生的成长成才过程中给予一个正向的引导和解决问题技能的培养，后一部分实际上就是对学生成长过程中遇到的难题困惑给予解答的一个过程。思政教育的特点决定解惑这一方法功能的重要性。

当代社会中大学生的思想状况决定这一教学范畴需要解决大学生的思想困惑。大学生正处于成长成才的重要时期，其思想价值观念处于成形阶段，其学习、生活、社会实践都会给大学生带来各种各样的困惑，甚至是影视作品、社会热点等也会成为影响学生思想情绪的重要来源和途径。只有对学生产生的种种困惑积极面对和及时解答，才能真正提高教学的实效性和针对性。面对来自各方面的问题和困惑，思政教育是逻辑的辩证思维，要及时、科学地解答学生产生的困惑，要引导学生坦然面对问题并进行全面的把握。要正确面对问题和困惑，这有助于推动学生积极思考，也有助于推动教学工作的改革发展。

教学过程中除了重视对理论知识进行正面传授的课堂教学，更要重视在传授过程中时刻解答学生在领悟理论知识的过程中产生的困惑，这有助于学生在更深层面认识和把握理论知识，也有助于增强教学中的问题意识引导和提高教学的实效性、针对性。

2. 促进大学生的全面发展

高校思想政治教育教学以培养德智体美劳全面发展的新时代新青年为目标，大学生的全面发展首要是其思想的发展，只有思想观念是正确的，才能给予学生本人在其他方面以正确的引导。学生对世界的认识总是经历辩证的认识运动过程，只有对世界有一个科学、正确的认识,其发展方向才不会偏离。

在新时代,思想政治教育教学是思维的工具和认知客观世界的中介手段,有利于促进大学生的全面发展,要不断吸取、概括新鲜的、活生生的具体内容。高校思想政治教育教学的方法功能体现在对思想政治教育教学实践过程中产生的各种个别和一般现象的本质和规律进行把握,引导学生的全面发展。

3. 促进高校社会主义精神文明素质基础工程建设

高校社会主义精神文明首先体现在学生的思想政治道德素质上,思想政治教育是培养学生思想道德素质最直接的方式,是高校社会主义精神文明基础工程的重要组成部分,提高思想政治教育教学水平和质量无疑是促进基础工程建设的重要力量。思想政治教育教学是对现实对象的本质规律和内在关系的摹写和规范,能激发思维的超越,有助于提升高校社会主义精神文明素质的基础工程,为思想政治教育教学理论体系的宝库添彩。

(三)构建功能

1. 教学体系的重要组成部分

思想政治教育教学是思想政治教育学这门学科的重要组成部分,在学科发展过程中占据越来越重要的地位。思想政治教育教学体系是一个有机统一的整体,每一教学内容都是作为这个规律之网上的纽结而存在。这一教学理论体系构建必须以思想政治教育教学为基石,没有教学范畴,无从谈起规律、原理等,而教学范畴体系具有整体性,任一组具体的都是整体中局部,是连起整个体系的结点,没有具体内容也就不能谈范畴体系。相反,教学范畴不能脱离理论体系这一整体而存在,孤立的范畴无法对思想政治教育教学的内在联系和基本规律进行完整的揭示。反之,只有在一个完整的理论体系中,教学才具有其实际意义。思想政治教育教学是建构其教学理论体系的重要组成部分,为系统掌握中国特色社会主义理论体系奠定基石。

2. 培育和弘扬社会主义核心价值观体系

思想政治教育教学过程就是运用马克思主义为指导,培养大学生掌握马克思主义的立场、观点等,亦即是培育和弘扬社会主义核心价值观的一个实践过程,这个实践过程毫无疑问需要理论的指导。这一教学的构建状况与这一教学的发展状况和水平有着密不可分的关系,它是思想政治教育教学的规律的展开和体现,可以通过在对这一规律的学习掌握的基础上更好地发挥师生的主观能动性,促进学生树立社会主义核心价值观的决心和自觉性,使这一价值观在教学过程中得到更好的培育与弘扬。而学生自觉树立这一价值观的成熟度与对思想政治教育教学展开研究的广度和深度息息相关，学生价值观的形成与其对知识理论的认知、坚信有着重要影响，学生对马克思主义理论的认知和认可度越高，其对社会主义核心价值观的认知也就越高，那么价值观的培育和弘扬工作的完成度也就越高。思想政治教育教学改革发展不断开展，其教学实践活动的形式和内容越来越多元化，教学的针对性和实效性的要求不断提高，在体系中的位置和作用也会相应发生变化，高校思想政治教育教学理论体系会随着思想政治教育教学的变化和发展不断变化和丰富，并向着更高层次和水平发展。思想政治教育教学的构建方式和教学理论体系的构建方式也是相互影响的。

九、高校思想政治教育的重要意义

（一）顺应时代发展的必然趋势

当今社会环境复杂多变，在这多年未有之大变局中，面对着西方各种非主流意识形态的渗透，毫无疑问意识形态领域的建设是我们目前的重要任务。高校思想政治教育必须为中华民族伟大复兴服务，为其提供不竭的精神动力。

新时代下意识形态领域形势错综复杂，高校思想政治教育的重中之重就是要坚定对马克思主义的信仰，对社会主义和共产主义的信念，以及对中国特色社会主义道路、理论、制度、文化的自信。抓住青年价值观成熟的关键时期，为他们的成长成才提供健康良好的精神环境，营造主流的校园氛围，从而培育出担负民族复兴重任的时代新人。广大青年要有足够的民族自信，同世界人民分享我们中国的优秀文化，加强与各国的文化交流。

思想政治教育工作作为我们时代精神和民族精神的主要传播和宣传平台，高校作为思想政治教育的主要阵地，要求广大高校以及思想政治教育工作者、广大青年尽最大努力保卫我国意识形态"领土"安全。而高校思想政治教育重在建设广大青年的精神世界，思想政治教育在培养学生立德树人这一根本任务中起着关键作用。

从我国当前的社会生产力来看，已经能够满足人民日益增长的精神需要，物质力量的丰富为精神生活提供良好的现实基础，而且高校师生作为社会主义建设的主要力量，他们的精神需要会更加急切，高校思想政治教育精神环境建设要以高校师生的精神需要为着力点，要与高校师生的精神需求紧密相连，并且一定要起到某种程度的提升作用。

高校师生作为高素质人才，他们的思想最为活跃，政治敏感度高，尤其是青年正处于价值观成熟时期，很容易受到西方社会思潮的影响，出现某些偏激的、不利于社会稳定的行为。因此高校思想政治教育精神环境的建设应更加注重高校师生的精神需要，不断满足高校师生的发展，为其提供健康良好的发展环境，使其形成正确的价值观念和人生态度，使其坚定自身的政治信仰和追求。对于教师来说，思想政治教育的建设也十分重要，教师要做到为人师表，起到模范作用，教师对学生的言传身教，在学生身上都会潜移默化地体现出来，只有教师自身有着良好的自我修养和专业素养，有坚定的理想信念，才更有可能教出优秀的学生。尤其是高校思想政治教育教师是思想政治教育精神环境建设的主要承担者，是学生精神世界建设的引导者，因此要不断满足高校教师的精神需要，逐渐完善教师队伍，这样才能真正把握住高校思想政治教育的抓手。

（二）把握高校思想政治教育方向

执政党的地位稳固和国家的繁荣发展离不开强有力的意识形态。我国的意识形态实质上就是马克思主义指导下的意识形态，并始终坚持将马克思主义作为党和国家发展的指导思想。由历史经验可以看出，马克思主义指导下的中国特色社会主义，赢得了一次次革命建设和改革的胜利，因此，我国的意识形态必须保持马克思主义的一元主导。

高校是思想政治教育的重要阵地和意识形态工作的重要平台，其思想政治教育实质上是传播我国主流意识形态的一种手段和途径，意识形态教育也是高校思想政治教育的主要内容之一，其目标就是帮助大学生坚定马克思主义信仰、共产主义远大理想以及中国特色社会主义共同理想，解决好人生观、世界观、价值观的人生"总开关"问题，高校思想政治教育务必将理想信念建立在大学生对科学理论的认同上。因此，新时代，高校在进行思想政治教育过程中要坚持和强化马克思主义科学理论的学习，坚持用科学的理论引导高校大学生的思想意识，使大学生与社会主流意识形态保持一致，并为大学生坚定理想信念打下坚实的科学理论基础。

（三）创新高校思想政治教育理念

马克思主义理论是党和国家开展一切工作的指导思想，其内容凸显了人民群众的重要地位。新时代工作的内容也彰显了人民至上的价值观念，突出了意识形态工作为了人民、依靠人民的观点。

对于高校思想政治教育而言，一方面，新时代，高校应明确思想政治教育的对象是大学生群体，要将思想政治教育理念的创新更深层次地融入教育工作当中，以学生为根本，紧紧围绕学生，满足学生发展需求的同时尽量满足其个人需求。"以生为本"的教育理念是指在教育过程中将学生的发展和切身需求当作教育的首要目标，致力于塑造学生健全的人格和正确的三观。

另一方面，在保证在校学生的受益主体地位的基础上能够进一步将高校思想政治教育的服务理念显现出来，使高校牢固树立"一切为了学生，为了学生的一切"的办学思想，有利于高校思想政治教育坚持严格管理、热情服务的教育态度，更好地对大学生进行思想政治教育，达到教育的最大成效。

（四）拓展高校思想政治教育模式

一方面，"以学生为中心"的教育理念，要求高校思想政治教育模式有相应创新，有利于促进教育模式从传统的老师讲授为主转向学生老师"双主体"的思想政治教育课堂模式。高校思想政治教育理念和教育模式的创新，也更加有利于"立德树人"根本任务的实现。

另一方面，在意识形态的工作和建设中，不能忽视网络这个主战场。在新时代背景下，高校思想政治教育工作过程的影响因素也不能将网络这一环节排除在外，这要求高校将思想政治教育的内容从传统的课堂、课本转向网络、媒体等"新课堂"，有利于高校拓展思想政治教育的方式，用更具吸引力、更易激发学生学习兴趣的方式和热点事件、素材等进行课堂导入和知识点贯穿，从而提高教育的实效性，同时要求建立相应的思想政治测评机制，通过网络测评或面对面沟通交流的方式，直接、迅速地掌握大学生的思想动态，能更加助益于提高思想政治教育工作的针对性和掌控力。

第二节 高校思想政治教育相关理论

一、高校思想政治教育的理论指导

（一）以实现中华民族伟大复兴的使命为指引

我国作为拥有悠久的历史文化的国家，在不同时期都有过辉煌的成就。进入到新时期，高校思想政治教育应以实现中华民族伟大复兴的使命为指引，加强高校学生的政治意识、学术意识，以此培养出高质量的综合型人才，为中华民族伟大复兴作出积极的贡献。

（二）以客观认知重要特色和国际形势为指引

在新时代，全球经济一体化已经成为主要的发展趋势，我国为增强社会主义制度的优越性以及综合国力，必须重视高校学生政治意识、综合素养的培养，才能借助青年的力量，提升我国国际竞争能力。

因此，在高校思想政治教育中，以客观认知重要特色和国际形势，作为思想政治教育的理论指导与发展理念，充分体现我国高校与时代发展同步的超前意识，使我国高校学生的政治思想与行为意识，都能关注国家的发展动态，并以增强国家竞争能力为发展目标，为我国社会和经济发展奠定坚实的基础。

（三）以高校师生思想意识的发展变化为指引

高校思想政治教师，应担负起引导学生政治思想健康发展的重任，努力提升政治素养，结合我国社会主义发展目标，根据学生的学习能力、认知水平以及实际生活和社会环境，从思想和行为上影响高校学生，并以自身的政治素养构建文明、和谐的政治环境，力求让学生在学习和生活都能以政治素养高水平发展严格要求自己。

二、高校思想政治教育的其他学科视角

（一）教育学的知识借鉴

教学活动是教育学体系的关键要素之一，教学活动包括课程内容的总体设计、课程活动的主体与客体、教学目标、教学手段、教学达成效果等部分。教学活动将德育与智育相统一，将教学触角伸出课堂、越出校园、深入社会。因此可以说教学活动的整个活动流程与教育学中对于教学活动的研究是不谋而合的，因此要将教育学中关于教育规律和教育活动的基本原理拿来参考和借鉴，从而构建出优质、高水平的思想政治教育教学体系。

教育学为思政教育如何组建课程活动、开展实践活动提供客观依据，并从教师角度入手揭示教师如何规范地实施教学，学生如何高效地参与到教学活动当中，为有效教学打造一套可遵从的规范，还要注意保持与教育学研究的核心内容相一致。要从教育学中的关注点，即通过德育来探讨内容、原则、方法和评价的确定。

思想政治教育教学中开展的形式多样的教学活动，在具体过程中引导学生将课本理论与实际相结合，达到实践育人的目的，这一点也是与教育学中关于教学方式的论述融会贯通的地方。

（二）心理学相关依据

掌握心理学在教育中对人的影响过程是思想政治教育进行构建的基本点，这表明必须从根源上探讨如何通过构建教学体系使学生在教学过程中达到所要求的思想政治品德，这一过程反映出个体内心活动的变化和心理的起伏过程。在思想政治教育过程中，心理学的相关理论和方法能将学生思想品德形成过程的心理活动展现得淋漓尽致，深入挖掘如何构建切实可行的教学过程，可以揭示学生在教学活动中个体本身知、情、意、信、行等方面的心理变化。在分析研究这一过程的基础上，抓住内部规律，构建适应学生心理特点的思想政治教育机制。除了发现学生在教学实践过程中思想品德形成的心理规律外，在这一过程中心理学中需要、动机和意识的形成等相关理论，也为思想政治教育的研究寻找了新的切入点，使思政课教学具有全面性与广泛性，经得住各门学科的检验。

（三）社会学理论支撑

社会学是从特定层面、特定角度对作为社会主体的人，以及人与社会复杂关系进行分析研究的一门学科，社会学的相关理论为高校思想政治理论课教学提供了一些理论支撑。

首先，在高校思想政治理论课实践教学活动当中，在校大学生通过走进社会生活接受思想熏陶和教育，思政课实践教学的育人作用最直观的体现就在于大学生在实践教学过程中的社会化，这正好是社会学的主要研究对象。

其次，当代大学生进入社会，亲身参与到实践教学活动当中，一方面，提前熟知社会规则，掌握一定的社会技能与社会规范；另一方面，通过与社会相关行业人士的交流，进行一定的社会角色感悟，对社会的认知进一步加深，提前体验社会生活，这为以后踏入社会奠定良好的基础。可以说，这是大学生真正踏入社会生活的演练，在一定程度上为大学生尽快适应社会生活积累经验。

再次，大学生在社会各类群体和组织中接受教育的过程、方法以及经验、教训为思想政治教育的理论研究提供了素材，增强了理论的可信度与说服力。

最后，社会学涉及社会生活的多个方面，包括多个领域，它研究的诸多问题如社区文化、社会整合等都对构建高校思想政治教育具有重要的参考价值。

第二章　高校思想政治教育现状及优化

本章主要内容为高校思想政治教育现状及优化，分为两个小节，第一节为高校思想政治教育的现状分析，第二节为高校思想政治教育的优化路径。

第一节　高校思想政治教育的现状分析

一、高校思想政治教育取得的成绩

大部分学生在步入高校后，思想政治素质普遍得到了提升。首先，大部分青年大学生都坚定拥护党的领导，认同近年来党中央的重大方针及政策。党的十九大胜利召开，广大青年大学生深入学习习近平新时代中国特色社会主义思想，并将习近平新时代中国特色社会主义思想贯彻落实于学习与生活之中。其次，大部分青年学生对国内外的时事焦点与热点问题保有较高的关注度，特别是发生在国内外的大事件，大部分青年大学生都会以各种方式加以学习与了解；同时，针对纷乱复杂的国际局势、国内在经济快速发展过程中所涌现出的突出问题，广大青年大学生都能够时刻保持清醒的政治头脑，作出清晰的判断。第三，大部分青年大学生积极践行社会主义核心价值观，并能够以正确的世界观、人生观以及价值观为指引，树立起明确的理想和信念。最后，大部分青年大学生在完成自己本专业知识学习的同时，课余时间都能积极投入各类社会实践活动当中。有的通过参与科研工作，持续提升自己的专业能力；有的积极参加社区工作，通过帮助社会弱势群体，为构建社会主义和谐社会贡献自己的力量。近年来高校思想政治教育工作取得了一些可喜的成绩，广大青年大学生的政治思想水平得到了普遍的提高，但仍然存在一些不足之处，需要我们持续的完善和改进。

二、高校思想政治教育的问题

（一）高校思想政治教育教学有待提高

1. 教育模式有待提高

新时代的意识形态工作论述是在不断总结我国历届领导集体关于意识形态重要论述的基础上，结合我国实际国情与时代背景的新时代思想产物，充分体现了极具时代特色的创新性和与时俱进的特征。这样的时代性特征于高校而言应体现在教育模式与时俱进。一方面，网络已经成为意识形态斗争的重要战场。大学生作为时代的追随者，必然会受到网络信息的干扰和迷惑。在这样的现实背景下，已有不少高校顺应时代的要求，建立起网络思想政治教育平台，但仍然有部分高校疏于网络思想政治教育平台的建设和发展，甚至有部分高校并未感悟到网络教育的重要意义，没能触及该领域，依旧保持传统的课堂讲授教学模式，教育模式呈现老化，无法吸引学生注意力，激发出学生对思想政治相关内容的学习兴趣。对此高校应及时顺应时代要求，进化其教学模式。另一方面，目前高校思想政治教育课程内容相对独立，大思政教育模式还未健全，未能全方位将思想政治教育的相关理论渗透到高校教育教学过程当中。

此外，高校思想政治教育中以活动促进动机的形式有待进一步优化。教学内容的落实、教学任务的完成需要一定形式的课堂或者其他教学方法来实现。近年来学校教育开始注重以学生为主体，课堂形式的重心开始向学生交流谈论为主偏移。为激发学生学习动机，学校开始用一些奖品、积分等激发学生的积极性，期望以此来激励学生去认真学习知识、提高能力。其中活动式教学法作为一个比较新的教学方式得到很多学校的推崇。但是对于活动式教学也是需要注意"度"的问题。活动是激发学生兴趣，引发学生独立动手实践完成任务的好方式，可是如果在课堂中活动滥用往往本末倒置，引起负面效果。比如在思想政治理论课程中，新教材中加入了大量法治方面的内容。对于这一教学内容，课堂开展活动往往采取一些新形式的情景剧和图片等。这显然不适应于普及严肃理性的法治知识、培养学生法治意识和法治观念。而且课程内容较为繁重的也不适合学生开展长时间高频率的活动式教学。因此在教学形式的转变中对于教学内容、教学阶段的针对性问题还需进一步完善，关于用活动等新颖形式激发学生学习动机问题也需要进一步探讨。

2. 教育主体地位缺失

我国思想政治教学的主体现今正处于一个变革的过程之中，尊师重道是我国教育传统形式，从我国古代延续至今的传统观念决定了教师地位与学生地位的不平等性特点。在新时代的教育和社会新的要求促使下，我国逐步由教师主体向学生主体转变。教师如何开展教学，如何认识学生、对待学生，这都要体现学生的主体性原则。

回顾过去，我们不难发现，高校思想政治教育一直都采用着灌输式、说教式以及应试答题的方式进行着，思想政治教育的主要内容和需要传递的精神本身就有难以理解且理论化的特点，按照以往陈旧的方式继续进行高校思想政治教育显然已经不符合新时代大学生教育的教育理念和要求。如何有效地开展大学生思想政治教育，核心在于要以学生本身为出发点，考虑学生的心理健康，从学生的喜好以及生活习惯出发，转变教育教学模式，创造更多更新颖的教育途径，从而激发大学生的学习兴趣。

（1）大学生思想政治特点

①迷恋网络，知识多元

当代大学生越来越依赖网络，网络已经变成了大学生生活与学习中必不可少的一部分。通过网络，大学生可以根据自己的需要在任何时候查阅、了解各类知识和信息，这也使得大学生的知识架构多元化。但是，网络中的知识和信息往往鱼龙混杂，大学生正处于求知欲和好奇心极为旺盛的时期，在接受网络信息时缺乏判断力，很多不良的信息在潜移默化的影响大学生的思维方式，容易促使学生受到不良网络知识的影响，从而走向不良的道路。

②追求物质，互相攀比

目前，我国经济发展迅速，社会消费观念发生了质的飞跃，各种消费品门类丰富多样，在一定程度上影响着当代大学生的消费观念。彰显个性，追求时尚也成为当代大学生的主要消费选择，为了面子不顾自己家庭经济情况盲目消费、攀比的现象也在大学生中呈蔓延趋势。盲目消费、高消费、无节制消费也使校园不良网贷公司有了可乘之机，很多大学生盲目消费，轻信广告宣传，选择了校园不良网贷，导致高额负债的案例时常发生。

③思维活跃，个性鲜明

当代大学生成长在我国改革开放、社会高速发展时期，越来越多的新鲜事物和各种思想对当代大学生产生直接的影响。当代大学生通过多种渠道，接触到大量的外国文化和影视作品，这也使当代大学生的思维向多样化、个性化发展。大多数的当代大学都更愿意表现和展示自己，他们每个人的个性都有自己的特色，喜欢展示与众不同的想法，在衣着打扮和行为举止等方面也都更倾向于标新立异。

（2）大学生主体地位缺失的表现

①学生缺失能动性

高校大学生的思想道德水平得到普遍提高，但是时代的变化和发展要求大学生有更高的品德素养。大学生能动性的发挥首先是能够积极主动地反映自身的品德状况和教育者所教授的思想政治教育内容。大部分学生都能很好地吸收到所学的思想政治教育知识并且在生活和学习中表现出来，但是仍有部分学生没有积极主动地与自身进行比较、反思和认清自身在思想品德方面与社会要求存在的差距，以至于不喜欢思想政治教育知识的学习，也没有进一步深入了解的动力。

②学生缺失自主性

思想政治教育对象的自主性表现在学生对教师所教授的内容和知识进行自主学习、自主选择、自主吸收。学生在思想政治教育中积极参与活动，对于教师教的知识进行主动的、选择性的学习。在思想政治教育课堂中，大部分学生都能够自主地、有选择地学习思想政治教育内容并内化为自己品德的一部分，但是也有部分学生对于所学内容消极应对，没有积极地进行选择。教师在课堂上努力的讲课，学生却不关心教师讲的内容，只是关心考试的内容，对思想政治教育内容缺乏思考，自主能力差，不能安排好学习计划和学习目标，没有将教师所教授的内容内化为自己的道德修养。

③学生缺乏创造性

思想政治教育对象的创造性是其自主性的另一个表现，是学生在反映教师所传授的信息和自身思想品德状况的基础上创造出新的东西。对于新的教学方法和教学形式，不仅学校和教师可以研究探索，学生也可以积极参与进来，充分发挥自觉能动性。在高校，主要是教师扛起了研究新的教学方法的重担，学生缺乏积极参与研究的意识，未提出自己的意见和建议。在思想政治教育课堂上，部分学生在学习以及接受教师传递的信息的时候，采取消极的态度，没有与教师进行积极的互动。

3.教育对象思想杂化

高校思想政治教育顺利开展并达到期望成效，需要多方协同发力，其中最重要的就是教育者和受教育者双方的共同配合，在双向互动中完成教学任务并达成教学目标，因而大学生自身的思想状态也是高校思想政治教育难收成效的重要原因之一。当前高校大学生的思想意识和政治态度存在一定的问题。

首先，大学生缺乏对思想政治科学理论的真实信仰。根据调查结果显示，大部分学生表示自己对高校思想政治课持积极主动的态度，但由于我国高校的教育体制以及国家选拔类考试大多倾向于应试教育，因而呈现出重智轻德的现象，学生所表现出来的对思想政治教育积极的学习态度，大多数是应付考试或修学分，并非发自内心地接受思想政治教育知识，也并非真正信仰马克思主义等思想政治相关科学理论，由于教学模式和教学方法单一枯燥，与实际联系不紧密，造成了学生对思想政治教育相关科学理论"不实用"的心理暗示。加之信仰对象多样以及家庭环境的影响，大学生甚至出现宗教信仰以及伪科学、封建迷信的思想行为。

其次，大学生缺失高层次的理想信念。随着改革开放的不断深入，社会的利益格局发生了深刻的变化，人们对于自身利益的追求更为迫切。这是特定历史条件下社会发展的必然结果。值得注意的是，高校大学生囿于思辨能力和知识储备所限，受社会环境的驱使，更多地将自身利益局限于个人的物质利益，将自身的发展游离于国家和民族利益之外，抛弃了对高尚理想信念的追求。大学生实现职业理想的目的是追求更好的自身利益和自身发展，这仅是低层次的自我理想，而并非为社会主义事业的建设贡献力量的伟大追求。

最后，大学生价值观存在偏差。当前，部分大学生受西方思潮影响滋生享乐主义、极端个人主义等负面思想，以及在市场经济环境下产生功利主义、利己主义等思想，这些不良思想与我国所推崇优良传统精神形成对立，并展开了对大学生思想激烈的争夺战。部分大学生受多元化价值观和思想的影响，出现了奢侈浪费、攀比心理等价值观问题，导致校园借贷惨剧屡发不止；也有部分学生干部官僚气息过重，思想腐化，为学生服务意识较弱。

4.教育内容有待完善

（1）教学内容缺乏时代性

对于高校而言，时代性是思想政治教育的内在要求。高校思政课教师向学生讲授马克思主义理论以及中国化马克思主义的内容，这些内容是马克思主义理论中国化时代化背景下的产物，彰显了强烈的时代特性。然而，从教育实践来看，高校思想政治教育在内容上并未充分反映和回应时代要求。

尽管当前大多数的高校能够及时传达重大会议精神并及时更新思想政治教材内容，但仍然有部分高校忽视这一工作，导致思想政治教育内容依然是陈旧的理论，没有体现出时代性的特点，学生缺乏对国家新政策及会议精神的正确认识；高校思想政治教育教师应具有较强的政治敏锐性和觉悟性，巧妙地将时事政治的内容穿插到思想政治教育课堂中，引起学生学习兴趣与共鸣，思想政治教育的成效也能达到了事半功倍的效果。

（2）教学内容偏离学生的实际

在我国高校部分教师能够做到将思想政治教育内容与具体实际相结合起来，发挥了思想政治教育积极的作用。但是也有部分教师没有很好地了解学生，掌握学生的实际需求，在授课过程中只是照搬课本内容，讲解理论，思想政治教育本来就是理论性比较强的课程，所以这样容易造成生硬、枯燥的感觉。学生在课堂中感觉无聊就会渐渐失去学习的热情，不能很好地加入思想政治教育课堂，对所学内容缺乏积极的思考，自觉能动性就很难真正体现出来。

5. 教育情境设置不科学

（1）教育情境的设置与教育内容和目的相脱节

良好的思想政治教育情境必然对思想政治教育内容和目的具有高度的涵容性。但在实际的教育教学过程中，教育者所设定的教育情境有时会与之相脱离，或者是仅仅注重单个教育要素的凸显，忽略了教育情境的设置应具有高度涵容性，弱化了教育情境的优势效能。

（2）教育情境的设置脱离一定社会发展实际

思想政治教育做的是人的工作，因此，教育情境的设置必然应与社会发展现状息息相关。但在实际的教育情境设置过程中，教育者往往会"就事论事"，仅仅就某一个思想政治教育内容或教育目的的实现而进行相关讲解，忽略了有效的思想政治教育情境设置应与社会发展实际应是相契合的。

6. 教育者的不足与欠缺

（1）缺乏互联网思维

传统的高校思想政治教育过程中，教育者通常采用封闭、被动型的思维，随着互联网的迅猛发展，各类互联网信息平台各显神通，在这个全面开放共享的时代，部分高校思想政治教育工作者跟不上形势，在初期始终无法接受"互联网+"时代教育理念已然发生改变的事实，缺乏现代互联网思维，甚至在教学中仍旧采用过去传统的教育理念。

（2）对信息技术的敏感度低

随着"互联网+"社会的到来，教师必须不断接受新技术、拓展知识领域，利用信息技术拓展自己的领域。但是，在新冠肺炎疫情背景下，高校教师远程教学能力与网络授课技术远低于预期，对信息技术的敏感度难以与普通高校教师甚至中小学教师相比。多数的教师还难以适应信息化教学的新形势，对新信息、新技术的敏感性较低，甚至部分教师对此出现抵触情绪。相应的教学设计较为传统，教学知识不够丰富，导致教学特色不明显，教学质量不高，阻碍了创新型职业技术人才的培养。

（3）信息观念较为陈旧

在当前"互联网＋教育"呈现爆发性发展的阶段，很多教师仍然没有树立起新的信息观念，不认为基于互联网的新型的教育方式必然带来固有教育范式的改革，如高校课程建设的改革、教学组织形式的变革、教学方法的改革以及教育评价方式的优化等。今后，信息技术将成为教育教学、教师发展、教师专业培训最重要的工具和手段，各类大型在线开放课程数不胜数，迫切要求教师利用网络平台和环境，服务教育教学工作。然而大多数高校专业教师难以自如地利用这些平台，对自主学习视频教程和相关操作说明缺乏耐心，信息观念陈旧，信息素养发展迟缓。

（4）缺乏信息筛选能力

当前互联网信息平台中的信息资源鱼龙混杂，而高校思想政治教育工作者的筛选能力受自身知识水平的限制，互联网中信息平台中的"暴力信息""诈骗信息"以及"消极信息"等让许多教育工作者对互联网产生了抵触情绪。

（5）缺乏利用互联网的能力

思想政治教育者虽然具备良好的理论基础，但在信息化时代却无法将自身所掌握的教育内容通过教育对象可以接受的方式传递出来，以吸引教育对象的注意力，弱化了思想政治教育的影响性。比如有的老教师不能充分利用互联网获取教学信息，不会用互联网信息平台进行教学资源的编辑整合，也不能熟练运用互联网信息平台开展网络思想政治教育，同时不少思想政治教育工作者不了解新时代的网上语言，无法与大学生形成互动和共鸣。

7. 与现代技术融合不足

当前，数字信息技术发展方兴未艾。数字信息化高速发展，推动着数字信息技术和教育产业深度融合，涌现出了种类丰富的数字信息化教育平台，它们对充分发挥教育实效性提供了重要的技术支持。一是基于云架构的教育信息公共服务平台。二是基于云计算的智慧校园建设解决方案。基于云计算的智慧校园目前在我国高校教育教学中应用广泛，指的是借助现代网络技术、信息技术、人工智能与多媒体技术等，通过信息化平台应用，构建数字资源网站，再通过多样化的移动终端，在高校中开展多样化的校园活动，促进高校人与人以及人与资源之间的高效互动和交流。三是基于云平台的数字化校园移动学习终端。四是基于现代模拟技术的虚拟仿真实验空间。它能提供灵活多变的学习方式，减少设备投入，提高教学效率。当前，思想政治教育与现代技术融合不足，体现在以下几个方面：

（1）部分技术尚不成熟，功能简单肤浅

近年来，现代技术在教育应用中较为广泛、发展迅猛，产生了如教学设计技术、教育决策技术、教学工具开发技术、教学资源利用技术、教学活动管理技术、教学成果评价技术等，由于这些技术刚刚起步，与思想政治教育的衔接程度还不是很高，目前还不能简单方便地满足思想政治教育工作需要。

（2）技术创新水平不高，与思想政治教育内容的契合度不高

现代技术创新水平不高，现代技术还不能普遍适用于思想政治工作，存在现代技术盲目适用或者滥用的情况，无法与思想政治教育内容相契合，不能有效激发高校学生学习思想政治教育课程内容的兴趣和积极性，课堂教学效果不尽人意。

（3）学生对新技术的认知和掌握程度有限，不能熟练地掌握和应用

虽然互联网技术的迅速发展推动了现代技术在思想政治教育工作广泛使用，但由于部分高校学生不能充分运用新媒体技术进行学习，知识储备不足，基础较差，对于思想政治理论课教师讲授内容的掌握较为困难。有些高校图书资料比较短缺，查阅资料较为困难，加之网络学习资源较少，这些都会影响高校思想政治理论课教学效果，进而导致高校学生思想政治教育成效低下。

（二）高校思想政治教育观念有待创新

观念作为行动的先导，在不同的时代背景下所体现出来的内容应不尽相同。新时代背景下，高校教育工作者在教育过程中所表现出来的传统的教育观念，相较于当代热衷于追求新颖事物的年轻一代，显得格格不入。

首先，大部分教师对于教学过程中的模式和方法依旧是保留着传统教育的老套观念，对于运用新媒体、网络教育等学生所热衷的时代化产物接受度相对较差，运用到教学过程中的成效微乎其微，无法将其物尽其用，充分发挥出教育的影响力。新时代的意识形态工作论述所体现的科学观点和方法，是时代化背景下全党集体智慧的结晶，是在面对我国意识形态领域出现的新情况而作出的实事求是的正确思量和果断决策，正是因为内容充分体现了时代化元素，才能更有针对性地处理和应对我国意识形态的各种问题和挑战。当前高校思想政治理论课大多以"百人大课"的形式开展，教师无法关注到学生的个体思想需求，降低了高校思政教育的实效。因此，高校思政教育者应多从时代化教育以及新受众的思想行为特点入手，因材施教、实事求是地进行教学模式的创新思考。

其次，部分教师依然保持传统师生关系的旧观念，未能随时代的发展建立起新型的平等师生关系，在教学过程中以严肃的形象和话语威慑学生保持良好的课

堂学习状态，学生有疑惑而不敢言，无法形成教育的良性互动。高校思想政治理论课内容本身枯燥，加之师生间互动交流太少，思想政治教育的亲和力和说服力得不到彰显，加深了学生对于思想政治教育枯燥刻板的印象。这也是影响思想政治教育成效的另一重要因素。

最后，在"课程思政"教育模式的落实过程中，大部分高校存在形式主义的问题，教师在教育过程中未能将思政知识内容有机地融入专业课程中，存在思想政治教育与其他专业课仍然是两个独立部分的昔日窘况。

（三）高校思想政治教育机制有待完善

1. 高校思想政治教育课程机制不完善

当前，大部分的高校大学生都是通过高校思想政治教育课堂接受思政知识，由此可见，高校思政理论课发挥了立德树人的主渠道作用。但部分高校对于教材的更新和最新政策、最新会议精神的传达不是很及时，这就造成了思想政治教育内容以及会议精神内容传达的延时。作为思想政治教育的"主渠道"，高校思政理论课务必及时将马克思主义中国化的最新理论成果加入教材、贯穿课堂并扎根于学生心中。

2. 高校思政队伍考核机制不健全

高校思政课教师是对大学生进行思想政治教育的主力军，因此务必要完善思政课教师工作内容和教育成效的考核机制，才能敦促其更好地开展教学和提升自身水平。目前，高校对于思想政治理论课教师的考核重点依然是科研项目以及论文发表数量等学术方面的内容，而真正作为思政课教师核心工作内容的育人成效考核以及自身思想素质、知识理论水平的考核却没有明确的制度规定。再次，高校协同育人机制不完善。当前高校思政教育队伍的主要力量来自于思政课教师以及辅导员老师队伍，并未做到全员育人，协同育人机制流于形式而未能确切落实，高校教育教学与思政教育的衔接度和配合度不高，无法凸显出高校思想政治教育在高校育人工作的重要地位。

3. 高校思政教育评价体系不科学

一是价值的背离。教育的功能和价值，是既要为国家培养人才，也要促进学生的全面发展。其中，德育是第一位的，但部分高校却本末倒置，把培养人才的知识技能放在首位，把促进学生德智体的全面发展置于次要位置，背离了教育的价值目标。二是责任的错位。教育评价制度滞后，强调工作量、科研量和学生成绩，而对教师个体在育人工作中的随意性和自由性约束不够，使协同无责任主体，更无惩罚措施，这种错位难以达到以评促改的目的。三是个性的缺失。教育评价体系僵化，对全体教师、学生的评价指标同一而论，忽视了个体的差异，造成千人一面、盲目跟风的结果。三是动机的扭曲。目前的教育评价体系大都是指向选拔、鉴别，评价结果与奖惩紧密结合。参评者的动机往往是为了获得褒奖或者某种荣誉，还容易出现投机取巧、弄虚作假的现象，这种评价的信度和效度让人质疑，难以公平、客观、准确地反映真实情况，使个人的进步欲望也受到打击。

4.思想政治教育网络化机制不健全

作为时代化背景下的新产物，网络以其便捷、迅速和高效的特点，成为思想政治教育的重要载体，不仅能够延长教学过程，同时增强了教学影响力。但在运用和监管过程中缺乏相关机制。

随着社会快速发展，网络新媒体在这个信息时代已经深入社会各个领域，深入教育事业的各个方面。因此，在高校这个对青年群体教育的主阵地，网络学习早已成为他们喜欢并且无法割舍的方式，积极开展大学生网络思想政治教育已经刻不容缓，利用网络新媒体发挥思想政治教育渗透性作用必须提上日程。虽然，目前高校网络思想政治教育从无到有、从理论到实际、从微观到宏观已经展开工作，但仍存在网络思政教育工作体制不健全、网络思政教育队伍专业化程度偏低、大学生主体作用发挥不到位等问题。据了解，当前我国高校大部分网络思政工作主要由党委组织部、宣传部及校团委等部门负责，但各部门相互独立、互不干预。但是，在网络世界里，各内容是没有明显的职责划分的，如果按照传统现有的条框分割工作体制，势必会影响网络思政工作的成效。

一方面，部分大学生对于学校是否开设网络思想政治教育平台并不明确，可见高校思政教育对于网络的运用机制及管理机制并没有深入学生心中，网络思政教育平台形同虚设，对其的运用和管理流于形式而非充分发挥其促进教育成效的作用，学生的认可度和接受度相对较弱；另一方面，高校思想政治教育更应该关注到网络的正负影响，在利用好网络的同时，也要注重完善高校网络防御机制和舆情预警机制。目前高校对于校园网络的监管也没有形成成套、合理且科学的监管机制，对于校园网络疏于管理。在2020年疫情防控期间，各类高校大规模地运用网络教学平台进行线上教育，这次的疫情成为网络进入教育教学的助推器，但不免看出各级各类高校在面对疫情出现时将网络运用于教学的仓促和生疏，可见高校在日常当中并未建立健全网络化教学体制机制。

（四）高校思想政治协同育人不足

1. 协同育人主体的育人热情尚未完全唤醒

高校思政育人主体的育人热情尚未完全唤醒，育人的主体性、能动性发挥受限，具体表现在以下两个方面。

（1）部分教职工育人意识淡薄

思政理论课教师和专业课教师在教学和科研的双重压力下，任务繁重，始终以教学大纲、书本内容为依托，以传统考试为主要落脚点，以专业知识、技能教授为本位。对学生个体的需要认识、理解不到位，易沦为没有思想、没有感情的教书机器，将"育人"这一过程异化为机械的传递、灌输的行为，不利于学生的全面发展。辅导员、班主任作为大学生成长之路的引领者、指导者，被事务管理者角色所替代。在处理班级和学生的日常事务时也只是就事论事，对当下产生的结果进行处理和止损，而对事件发生的背景、过程、推动因素和其中暗含的思想行为倾向关注较少，实质问题得不到根本性的解决。党务工作者在发展人才、制定活动计划时疲于应付过于繁杂的流程，在唤醒校园特色、贴合人的全面发展规律，充分调动师生参与积极性这一方面的工作捉襟见肘。高校管理呈现"行政化"的特点，管理人员在日常工作中通常以稳定、有序、绩效为基本追求，在制度体系、管理方式的选择上尚不能满足学生的期待和需求。高校在提升服务水平，推行服务社会化的过程中，忽略了后勤人员自身素质的建设。服务人员在市场经济的影响下，以利益作为工作导向，片面注重物质供给，忽视精神涵养。

（2）大学生缺乏自觉学习动机

大学生是具有独立自主意识和基础知识储备的个体，其知识的吸收和理论的建构不是一个单向度的被动接受过程，而是在对所接触信息的理性选择中发展培育起来的。大学生不仅是教育的对象，更是学习的主人。尽管在思想政治教育的理论研究和探索中都对学生这一对象的主体地位给予了充分的肯定和拔高，但是在传统教育思想、灌输式德育影响下，大学生往往缺乏自觉主动的学习动机，在思想政治教育工作中参与感弱，处于被动接受的客体位。在课堂上，将"顺从"作为应该遵守的道德规范，只能跟着课本、跟着教师，尽管发言但不敢"发声"，想象力和个性被压抑，不利于与教师在互动中达成"情感共鸣"。在以量化考核为标准的"一刀切"评价体系中，片面追求标准答案权威下的高分数，导致学习信息的获得不是主动选择的结果，忽视了学习过程中情感、思想、技能的多维进步。在社团活动中，受管理体制的束缚，学生自身的兴趣和需要得不到充分满足，不利于培养学生的组织、协调、创新能力，充分发挥其作为主体的主观能动性。

2. 协同育人资源的思政功能尚未完全激活

高校思政教育工作，以思政课程挑大梁唱独角戏为主，往往局限在思政课堂之内，教学视角比较狭窄，对专业课、通识教育课程等的利用率不高，在教材内容、手段方式、组织结构上没有体现应有的育人价值。长期处于从属地位的实践课程，缺乏专门的理论性材料作支撑，重形式轻内涵，学生的热情高但收获低，导致育人效果延续性不强。科学研究活动可以容纳的学生有限，以业务工作为主，主体间紧密性不够，导师的科研目标站位较低，道德示范作用不明显，育人缺乏目的性、计划性。由于缺乏专业团队支撑，网络思政在执行层面存在运营难、内容空的现象，其传播速度快、及时高效的特点得不到充分发挥。在心理育人层面，育人方式单调且缺乏系统性，相应的专门化的心理课程、活动和社团较少，大学生能接触的心理教育频次低，严重制约着育人效果。在日常教学活动中，对隐性思想政治教育认识不够具体，浮于表面，不利于思想政治教育工作的全面渗透。高校的管理工作一般说来呈现自上而下的管束和控制，缺乏对学生、教师的人文关怀，民主气氛得不到充分展现。后勤服务缺乏与学生的交流，食堂、寝室等重硬件改造，轻软件管理。学生资助工作仅仅停留在解决物质需求，在评估、审核过程中以学生的物质条件贫乏与否为主要切入点，忽视学生的人文精神缺失，供给方向单一，缺乏针对性。组织育人在从上级组织向下延伸传递时育人效果"层层递减"，基层组织在地位上往往被边缘化，整体性不明显。

3. 协同育人管理的总体规划有待进一步完善

（1）缺乏跨部门的领导小组和机构

随着分工的不断细化，部门职能化增强，行政工作条块分割，思想政治理论课教师与辅导员等学工老师属于不同的部门。学校层面缺乏跨部门的领导小组和机构，来将学工系统老师与思政课教师纳入统一的管理系统之下。这种情况下，教师及相关机构部门各司其职，很多人就没有认识到自己是协同育人的教育主体，需要承担协同育人的工作和任务。工作的总体规划、工作部署、监督、指导和总结缺乏统一领导，必要的场地和经费投入不能得到统筹协调，从而使协同育人工作无法得到充分落实。

（2）工作存在重叠竞争关系

大学生思想政治教育是一个密切联结的整体，各项工作之间相互联系、相互承接，一定程度上来说，学生思想政治教育工作千丝万缕，又密切相关。但在实践中，无论是思想政治理论课教学还是日常思想政治教育工作都有内容和形式上的重叠。在思想政治理论课教学中,其中涉及的法律、政策、道德、哲学、历史等知识点都是相似或者相同的,教师在授课过程中,如果对一个问题进行细致深入的讲解,就不可避免会借鉴到其他课程内容,可能出现授课内容上的重复。而在日常思想政治教育工作中,这种重叠竞争关系就更为复杂了,学生处、团委等部门都是开展学生思想教育活动的主力军,校、院、系三级甚至四级的机构设置,在活动开展上难免有所重叠。活动重复性高,既让学生感到疲惫,也让从事学生工作的老师们有些力不从心。日常思想政治教育的活动形式变成了各部门和院系争夺利益和巩固业绩的手段,让学生在其中仅仅是被动参与者,而失去了最初的教育意义。日常思想政治教育的形式化和频繁化严重影响了学生的情绪,使学生在以后遇到好的活动形式时也产质疑和退步,给当前大学生思想政治教育带来了巨大伤害。

4. 协同育人体系的联动效应尚未完全发挥

系统是马克思主义唯物辩证法中的重要范畴。系统之所以具备各子系统不具备的功能的原因在于系统中内含各子系统之间的相互联系、相互制约、相互影响的关系,而系统整体性功能的发挥也正依赖于各子系统之间的良性互动。但目前高校各育人资源之间缺乏联系,呈现各自为政的松散体态,体系的合力作用收效甚微。

(1) 顶层设计不完善

一些高校在实施思想政治教育的过程中,尽管建立了联动育人机制,但是工作规划相对简单、抽象,思想政治教育的中心主题不明确,缺乏育人相关的具体目标、任务和分工说明,导致机制形同虚设,难以有效汇集思想政治教育力量。具体来说各部门各机构受困各自所处领域的既有制度、体系和语言习惯,难以突破教育惯性影响,各育人资源配合度不高,缺乏信息沟通,育人功能出现重合,系统内部产生摩擦和内耗,子系统间不但没有组成互为补充、互为支撑的稳定结构,相反还消减了育人合力的生成。其次,过度依赖国家政策、文件的指导,教学决策和推广生硬,缺乏自主性,与当地地方特色、校园文化历史和生源质量水平结合不紧密,思想政治教育工作的适应性不足。此外,相应的监督、评估和激励保障机制不统一,思想政治教育工作的内生动力不够,难以实现真正意义上的合力育人。

(2) 投入配比不协调

思想政治教育工作不管从其本质、特性和教育的内容方面来看,都属于软工程,但在教育过程中和方式的使用选择上需要依赖相应的硬性条件做基础。目前我国高校大多设有思想政治教育专项经费，但在经费的申报、审核、使用、监督程序中绩效导向微弱，经费的利用效益不高，专职思政课教师、辅导员等的待遇较专业课老师不足，相关教育平台建设进度迟缓，与客观需求不符。另外，大多数高校在专职思政课教师、辅导员的人员配比中严重失衡。人的精力是有限的，在面对基数大、差异大的学生群体时，思想政治教育工作的针对性和有效性将会大打折扣，常常在问题出现时会有人员缺位的情况。

（五）高校思想政治教育环境有待净化

1. 社会环境

从社会方面来看，一方面，改革开放的深入以及全球化趋势的不可逆转，致使众多西方资本主义所标榜的自由、民主思想涌入我国，部分民众受其影响，言语和行为都表现出"国外月儿圆"的思想趋势。同时，改革开放的不断深入也造成了我国利益格局的嬗变。高校大学生的知识储备和思辨能力受限，受社会中西化思想的影响，对于西方的政治、文化和社会环境都充满了好奇和向往，表现出较为强烈的兴趣。另外，社会利益格局的变化也使得高校大学生的逐利性更强烈，在三观还未健全的阶段受到如此大环境的影响，使其对思想政治教育的内容产生疑惑，呈现出理想信念模糊的状态，严重妨碍了高校思想政治教育的顺利推进。另一方面，不良社会风气、道德失衡的现象和因素对思想政治教育提出了巨大挑战。随着社会的不断进步和发展，人们的思想也随之潜移默化地发生改变，社会各方面因素的嬗变导致人们的思想问题也日益凸显，给思想政治教育带来了巨大阻力。社会中诸如此类的不良思想和行为，与高校所开展的思想政治教育内容形成鲜明的对比，由于高校大学生思想意识尚耳浅薄，其严重干扰了学生的认知，造成学生对于思想政治教育内容与现实情况的矛盾化心理，对思政教育内容和德育内容产生疑惑，给高校思想政治教育工作的开展带来了困难。

2. 校园环境

从校园方面来看，在高校学生的学风以及学生工作的作风上存在影响思想政治教育的消极因素。近年来，大学生在学习中也表现了强烈的功利心，如部分高校学生为了评奖评优等，学术造假，给高校的学风造成了极大的负面影响。此外学生干部工作作风也受功利主义、个人主义以及社会家庭环境的影响，出现趾高气扬的办事态度，缺乏服务意识，丢失了作为党员和学生代表的理想信念，影响学生干部队伍整体建设，间接影响着高校思政教育工作的开展。

3. 家庭环境

从家庭方面来看，一方面，学生的家庭成员的错误的政治站位和思想意识会直接冲击到学生的思想，对高校思政教育工作的顺利推进提出考验。这对高校思政教育而言无疑是巨大的挑战。另一方面，家庭成员的一些非科学的行为也会对大学生的思想产生影响。如家庭成员定期参加或举办一些封建迷信和伪科学活动，会让学生产生思政学习内容和现实生活相互矛盾的心理认知，极大地冲击着学生的思想，这对高校思政教育而言无疑是巨大的挑战。

三、高校思想政治教育存在问题的原因

（一）高校持续扩招产生的压力

高校扩招政策的制定，其初衷是为了给更多人接受高等教育的机会，促进整个社会的教育公平，既让年轻人享受到高等教育带来的福利，也能缓解社会就业压力。从1999年开始，我国高校持续扩招，这一政策对提高国民素质、增强人才创新能力、延缓社会就业压力等方面起到了积极作用。相关数据显示，改革开放以来，我国已经累计有2.28亿人报名参加高考，高等教育已培养了9900多万名高素质专门人才，2019年全国普通高校招生800多万人，全国高校毕业生达到834万人[①]。这些大学毕业生在国家各行各业的建设中承担了重要任务，成为我国科技创新的动力源泉，并带动形成全民学习、终身学习的良好氛围。但高校持续扩招后，造成学生数量增多，高校原有的教学场地、教学设备、师资力量逐渐无法满足这种大规模的培养需求，使社会对高等教育人才培养的质量产生担忧。目前思想政治教育队伍身兼数职的情况司空见惯，缺编、缺岗的现象使工作面临巨大的工作压力，如果仅依靠一方力量或一支队伍的力量，必然是无法完成庞大的教育教学任务。只有整合队伍、资源和平台，让各个队伍相互配合、相互支持，才有可能在人员不足的情况下保质保量地完成大学生思想政治教育工作。

（二）外部社会环境的不利影响

外部社会环境对高校思想政治教育造成一定的影响，主要体现在市场化体制改革下强化经济基础优先的思维、信息化发展加速的多元文化的冲击两个方面。

---

① 教育部深入学习贯彻全国教育大会精神全力促进高校毕业生就业创业2019届全国普通高校毕业生就业创业工作网络视频会议召开[J]. 中国大学生就业，2018（23）：8-9.

1.过度追求经济发展的影响

经济的快速发展对大学生的世界观、价值观产生一定程度的影响,导致部分大学生更加注重个人价值的实现,而忽略了整体维度的价值。在这种模式下,很多学生的行为都具有明显的利益特征,实现利益最大化才是其奋斗的目标,而不是将建设社会主义现代化强国作为奋斗目标。经济利益追求与树立正确价值观并不违背,相冲突的是以个人为中心的经济利益最大化的追求容易产生示范效应,忽略了其作为社会主义建设接班人应承担的时代使命和历史责任。高校中的部分教师反映当下这种个人经济利益最大化的社会风气已经开始流向高校校园,部分大学生为了实现个人短期内的经济诉求,占用学习时间进行网络直播,甚至出现低俗、媚俗的直播场面;还有部分大学生在经济利益面前过分膨胀,享乐主义、拜金主义的情绪开始占据其生活空间,出现厌学、沉迷游戏等不良行为。最终导致这部分大学生只重视个人利益,忽略实际情况,出现更多的社会问题和道德问题,因此这种社会环境对于高校思想政治教育势必产生不利的影响,部分学生学习生活中在遇到思政内容均会产生强烈的抵触情绪。

2.多元文化产生的冲击效应

多元文化对高校思想政治教育产生的冲击效应主要是指西方文化对马克思主义理论的主导地位和权威属性的冲击,导致部分大学生的价值观出现选择困难。

(1)多元文化导致个人偏向性追求个人利益最大化

多元的西方文化多是以个人为中心,追求个人在自由、个性、偏好、独立等方面需求的实现,忽略了个人的批判意识和自省能力,更加忽略了集体的利益,容易导致大学生价值观扭曲,给高校思想政治教育顺利推进造成阻碍。

(2)多元文化冲击和制约部分大学生正确道德品德的构建

一是因为立德树人的内涵是培养大学生的大德、公德,是为共产主义服务的,但是当下多元文化对大学生的思想观念形成严重冲击,导致部分大学生对共产主义信仰产生了动摇,认为其在短期内是难以实现的,因此会重塑个人关于马克思主义的认知,直接制约了道德品德构建。二是多元文化的多元传播途径对正确的道德品德构建的制约。因为在信息化和网络化时代,多元化文化的传播多以互联网、新媒体等途径传播,导致大学生在接受碎片化的海量信息的同时,缺乏理解,缺乏分析,缺乏研究,进而直接接收,再受到个人情绪的影响就会产生偏向性的价值观,间接制约了正确道德品德构建。综合来看,多元文化对大学生的影响可以直接制约大学生道德品德等价值观的形成,直接对高校思想政治教育产生负面抑制效应,因此如何引导大学生正确区分多元文化进而有针对性地吸收有价值的文化信息，对于促进高校思想政治教育、大学生树立正确的价值观，乃至实现立德树人的根本任务具有非常重要的作用。

（三）高校大学生自身存在局限

1. 大学生的自控能力较弱

当前的大学生处在互联网繁荣的时代，无论是学习、交流还是娱乐、购物、出行都离不开互联网，大学生脱离了家长的管控，同时大学生自控能力比较弱，我们可以发现大学生易沉迷网络，大学生越来越依赖互联网，大学生的上网时长逐年增长，未来还有继续增长的可能。

2. 大学生道德法律意识薄弱

互联网的开放性和共享性使得信息的发表和获取变得十分容易，表现出"无屏障性"的特点，同时互联网信息平台给大学生提供了一个有匿名功能的虚拟空间，大学生可以隐藏自己的真实名字在平台中进行学习和信息的发表，他们可以不用在意他人的看法和评价，但是由于缺乏相关法律规范，大学生不认为自己的造谣行为要承担相应的法律责任，所以在微博、微信等平台中发表自己的观点和意见时，大学生受到其他不良思想的影响，也跟风的发布一些不实的消息，带来的严重后果是大学生无法预料的。

（四）高校思想政治教育队伍的素质有待提高

1. 高校思政课教师的综合素质有待提高

（1）职业使命感有待提升

首先，部分高校思政课教师的专业认同感和专业理想信念有待加强。专业认同感和专业理想信念是思政课教师爱岗敬业的重要精神支柱，然而现实生活中，一部分教师因对思政课的价值和作用认识不到位，而只把自己所从事的该课程教学看作是谋生手段或一份工作，认为只需要按部就班地完成学校、学院安排的教学任务即可；同时，部分教师因自身的共产主义理想信念不够坚定，而对自己以前所学专业和课堂上所讲内容不信服，这在一定程度上影响着他们的教学热情和动力。缺乏专业认同感和专业理想信念的教师是不可能把思政课教学作为一项神圣的事业去追求，从而产生自豪感和使命感的。其次，高校思政课教师的现实地位有待提高。虽然国家极为重视高校思政课的建设和发展，赋予了其教师较高的理论地位，但现实中思政课教师却因此课程被冷落、不被需要而被其他学科教师、学生、家长和社会所看轻，使他们得不到相应的尊重和关注，感受不到作为一名高校思政课教师应有的荣誉感，这使得他们逐渐丧失了原有的自信和教学热情。最后，高校思政课教师的经济待遇有待提高。虽然高校思政课教师扮演着道德示范和具有无私奉献精神的社会角色，理应追求高尚的精神境界，不被名利和金钱所左右，但作为一名生活在经济社会中的高校思政课教师同样有追求自身利益的权利和现实需求。但现实情况是：一方面，思政课教师所从事的塑造人、培养人的教学活动和社科类科研均属于理论性质的，很难直接转化为现实生产力，使得他们所获得的实际经济收益与社会其他行业或同行业的其他学科教师相比不占优势；另一方面，思政课教师不仅承担着全校的思想政治理论课教学，而且担负着对大学生进行日常思想教育和道德引导的职责，然而他们所获得的报酬和福利待遇与其所承担的责任和实际工作量却是极不匹配的，这会极大地削减他们的工作热情。

（2）理论素养有待加强

高校思想政治理论课不仅具有特殊的功能属性，还具有学术性，需要思政课教师能够对一些专业问题作出观点鲜明、有说服力的解读，以增强个人学术魅力，这就要求思政课教师要具备较高的专业知识素养。同时思想政治理论课又是一门综合性较强的学科，涉及哲学、经济学和法学等学科知识，这就要求思政课教师不仅要有较好的专业理论素养，还要具备完善的知识结构和敏锐的观察能力，保障其能够站在理论研究的前沿和现实生活的角度，准确地为学生分析、解答一些复杂的社会现象和问题，彰显自身学识魅力，进而增强大学生对思政课的学习欲望。然而，现实中部分思政课教师存在着专业理论素养不够高、知识结构不够完善、科研能力不足以及观察、分析问题能力不够强等问题，这就造成他们在面对一些艰涩难懂的马克思主义理论专业问题和复杂的社会现实问题时，显得不知所措、力不从心，无法作出令学生信服的解读和耳目一新、准确合理的独到性见解。同时他们也因对国内外流行思潮、理论前沿问题和社会热点问题等缺乏了解、思考和剖析，而不能将其很好地融入日常的教学实践中，致使他们的教学内容过于古板、枯燥，无法激起大学生的学习兴趣。

（3）教材体系转化为教学体系的能力有待提升

高校思政课教材体系向教学体系的转化需要教师具备能根据教材体系组织好授课语言、科学整合教材内容和合理重塑授课内容的能力。但现实中部分高校思政课教师特别是资历较浅教师的这些能力却有待提高。具体表现在：首先，语言艺术有待提高。高校思政课教师要能将晦涩难懂且带有浓厚政治色彩的教材书面语言进行加工，通过通俗化、幽默诙谐的教学语言表达出来，从而让大学生更容易理解和接受,然而现实中部分思政课教师只是照本宣科,照读教材或PPT,这样不仅不利于大学生理解教材内容,也容易触发他们的抵触情绪,从而影响着思政课的教学效果。其次,整合教材内容的能力有待提升。一方面,高校思政课的内容丰富、理论众多、信息量大,在仅有的上课时间里,教师不可能做到面面俱到。另一方面,高校思政课的内容在纵向上,与中小学阶段的思想政治理论课有重复,同时在横向上,思政课内部的不同课程之间也有重复的地方,虽然它们有所侧重,但内容的重复性会客观地削弱大学生的学习热情,这就需要思政课教师在结合教学大纲,对思政课教材体系内容和大学生已有知识水平整体把握的情况下,对教材内容有所取舍和侧重,准确把握教学重点。然而现实中有部分教师分不清教材内容主次,在教学中"平均用力",在有限的课时内为完成教学任务而采取单项式的教学模式和满堂灌的教学方法,忽视了大学生的接受能力和课堂效果,严重影响着教学实效性。最后,思政课教师重塑教材内容的能力有待加强。高校思政课的理论性、思想性较强且较为枯燥,不容易引起大学生的学习兴趣和被其所理解,这就需要该课程教师将教材内容与现实生活相结合,把大学生在日常生活中能体验到、接触到的东西或问题融入教学实践中,使大学生觉得教材上的高深理论离自己并不遥远,进而产生熟悉感和亲近感,这样更容易被大学生所接受,然而现实中部分思政课教师的这种能力却有待加强,影响着思想政治理论课的教学效果。

2. 高校教育人员思想政治素质有待提高

高校思想政治教育要形成社会、学校、家庭全员育人的氛围,只要是学校内的工作人员,上到校长、下到保洁保安人员,每个工作人员的一言一行对大学生都或多或少地产生潜移默化的影响。思想政治教育不仅是一门学习学科,它同时更是一种具有很强的实践性和应用型的活动,由于高校思想政治教育的主要对象是大学生,因此提高高校所有工作人员的思想政治素质也相当重要。所有人都应对自己的职业保持热情,热爱自己的岗位,时刻保持精神抖擞的状态和积极的思想态度。大学是培养高素质专业型人才的地方,高校教育者本身的知识素养和专业能力决定着其是否能够使学生信服、是否能够教育出对社会有用的人才。新时代高校思想政治教育要求高校工作者特别注意培养学生的职业素养和专业素养。

(五)现代教育技术冲击传统教学优势

1. 现代教育技术摒弃了人文关怀

首先,现代教育技术疏远了人际关系。长期以来,我国部分高校思想政治教育工作者只重视现代教育技术的应用，忽视了传统教学方法的人文教育，疏远了师生间的距离。

其次，现代教育技术弱化了人的潜能。科学技术的迅速发展带动了现代教学硬件的创新发展，教师只重视现代教学硬件使用，忽视了提高思维能力和发挥主观能动性，长期以来教师的思维能力得不到发展。最后，现代教育技术干扰了学生的学习兴趣。现代教育观念中，教与学两者是相互联系不可分割的一个整体，但现代教育技术的只重视从教师的"教"出发，而没有充分考虑到学生的"学"，只是方便了教师的教学工作，但是忽视了学生的学习兴趣。

2. 现代教育技术传授忽略了精神传承

现代教育工作过分依赖现代教育技术的应用，忽略了学科特点和专业性，只是依赖于现代教育技术所固有方式方法，忽视了学科的特殊性和学生的差异性，从而局限了学生思维方式和创新精神的发展。

3. 现代教育技术迭代发展扩大了数字鸿沟

现代教育技术的迭代发展促进了教育观念的转变，教学模式的转换、教学过程的创新、教学手段和方法的变革、信息技术与学科课程有效整合。现代教育技术在教育中的优势凸显，拓宽了学生的眼界，提供了理想的教学环境。但是由于城乡网络基础设施建设和教育技术使用的差异，信息富有者和信息贫困者之间存在显著的差距，扩大了教育数字鸿沟。

（六）对协同育人存在认识误区

随着认识的不断深入，现代教育工作日益重视教育理念，并把它放在与技术革新同等重要的地位上。近年来，立德树人根本任务不断深入人心，教育部门和教育工作者越来越清楚地认识到协同育人的重要性，并迫切需要科学、正确的教育理念指导。但现实中仍然存在一些协同育人理念的认识误区，亟待澄清。

1. 认为育人是"一家之事"

协同育人工作涵盖方方面面，需要各方力量的有机整合。协同育人中，高校的作用至关重要，但协同并不仅仅是高校的职责，也与家庭和社会密不可分。同样，大学生思想政治教育主要依托于高校思政工作部门开展，由思政课教师与辅导员具体执行实施，但这并不意味着只有思政工作部门和思政队伍有育人责任。

目前，普遍存在的理念认识误区，主要体现在以下几个方面。一是认为教书育人是学校的职责。由于协同育人主要在高校范围内实施，教师承担着教书育人的主要职责，家长和学生往往将高校看作承担大学生思想政治教育协同育人的全部责任主体，从而忽视了家庭教育、社会教育和自我教育的重要性。比如很多时候学生出现思想或者心理问题，最后发现大多与家庭有关系，父母离婚、家庭矛盾或者家庭经济危机，都影响了该生的行为表现，但家长往往意识不到自己的教育问题，有的家长甚至从孩子进入大学开始就做起了甩手掌柜，生活费一给，其他一概不管，出现问题又来埋怨学校和老师不负责。二是认为大学生思想政治教育协同育人就是高校思政工作部门的事情。比如高校的技术部门，主要工作是服务各大实验室进行样本检测，平常主要是做实验，接触学生有限，现在参与协同育人这类工作相对比较少。高校内部一些行政管理和后勤部门忽视对协同育人的关注和参与，但立德树人的工作不仅仅是思政部门的工作，而且是思政课教师的工作。专业教学要育人、实验教学要育人、学术科研要育人，后勤管理也要育人，只有这样，才能构建全员、全过程、全方位的育人格局。三是认为思政工作的关键在于思政课教师和辅导员。现实中虽然全员育人理念日益受到重视，但不少老师仍然存在一种事不关己、高高挂起的心态，觉得在协育中除了思政课教师和辅导员外，其他教师可有可无、无关紧要。但大学生思想政治教育是要人人参与、齐抓共管、综合治理的，协同育人是需要全体教师参与的，只有全体教师树立协同育人的意识和理念，学校内部才能形成人人参与的良好氛围，社会和家庭才能更好地发挥补充配合作用，形成上下一盘棋。

2. 将协同等于各工作"做加法"

大学生思想政治教育的协同育人不同于普通学科教育或专业教育，主渠道与主阵地的协同需要用"加法"来释放发展新动能，这里的"加法"，不是简单的数学意义上的加法，而是理念、方法上的融合创新。

目前，在协同育人实践探索中，不少学校为取得教学成果和工作业绩，将协同育人看作一个筐，什么工作都往里面装，搞出一大堆花里胡哨的工作方法，使协同育人成为一个说不清道不明的"大杂烩"。回避了协同育人中本应该重点把握和解决的核心问题，而把一些与育人、教学无关的问题也当作协同育人的一部分笼统处理，造成协同成本高但实际成效低，大量烦琐的形式主义会议和定期定量报告，容易引起教师和学生的反感情绪。部分辅导员认为他们本身就管着党团、就业、学生会、文体活动等各类事务，协同育人必然会包括这些内容，对参与协同育人的主体能不能分担他们的工作，会不会增加他们的工作负担表示疑虑。对此，我们应该认识到，各工作的叠加是协同育人中必不可少的一项要求，但推动主渠道主阵地协同育人不是简单地做加法、扩资源的过程，而是一个补短板、强互补、同进步、提质量的过程。要在现有条件下，以科学的理念为指导，坚持全员育人、全程育人、全方位育人，全面促进学生的成长成才，推进高校思政工作高质量发展，用取长补短的方式补齐短板，互相配合，既要完成思政课和日常思想政治教育的理论和实践教学任务，又要契合学生的发展诉求和学校的整体规划。

第二节 高校思想政治教育的优化路径

一、高校思想政治教育教学的优化

（一）高校思想政治教育教学原则的优化

1. 遵循学生成长规律

每一代人都有自身不可替代的成长经历和思想特点。大学生的成长过程具有阶段性，在每一年级的学习过程中，大学生会表现出不同的思想性格特点和发展规律。大一是大学生刚经历高考步入校园生活的开始阶段，学校主要是帮助大学生适应大学相的学习环境，这一阶段的大学生对未来的学习生活会感到懵懂、迷茫。对这一阶段的大学生要积极疏导他们的内心忧虑，帮助他们从紧张的高中生活顺利过渡到大学校园，积极融入大学生活当中。到了大二，这个阶段的大学生逐渐有了自己的朋友圈，形成了自己的学习方式和生活习惯，并开始接触各种社会风气和各种思想，这一阶段的大学生的思想状况尤其重要。到了大三，高校大学生开始迅速成长，逐步开始确立自己的人生发展方向和目标，而高校的大部分课程都集中在大二和大三这两年当中，这两年思想政治教育工作的效果直接影响到大学生未来的发展状况。到了大四，大学生逐渐面临步入社会和找工作的各方面压力，内心对未来的自信与怀疑同时出现在大学生的内心思想活动当中，这一阶段大学生的思想状况更需要关注和引导。

2. 确立大学生主体地位

（1）高校贯彻落实科学发展观的重要体现

根据科学发展观的要求，培养全面发展的大学生，必须明确大学生的主体地位，在推进思想政治教育的过程中，充分认识并努力发挥大学生的自主性、能动性和创造性，融基本教育目标与学生需求于一体，融教育工作者的施教与学生主动受教于一体，在客观认识和把握大学生思想动态和思想需求的基础上推进思想政治教育，可以使他们直观地感受到这种教育的针对性和有效性，从而更加乐意去主动配合教育活动、参与教育过程、完成教育目标。可见，充分发挥大学生的主体地位是以学生为本的重要体现，据此实施教育方可以保证学生更好地认可和接受教育安排，自觉主动地做到全面、协调、可持续发展。

（2）从根本上符合了教育基本规律

遗憾的是，在基础教育和中等教育阶段，受传统应试教育等因素的影响，学生的主体地位并未被认可，这易使得学生要么被动地接受学习任务，要么对学习任务产生逆反心理，这无疑违背了教育的基本规律。学生进入大学之后，这一局面必须从根本上加以扭转，使他们变得主动学、乐于学。这便要求全面认识大学生的角色定位，既把他们视为教育对象与被管理者，又把他们视为自我教育、自我管理的主体。唯有如此，才能充分重视他们的个性、需求、思维特征在整个教育过程中的重要性，才能有针对性地设置教育内容，改进教学方式，才能使他们在主体选择的基础上，有目的地主动学习、自主学习、自我发展。

（3）有助于提升学校教育教学质量

一方面，通过树立大学生在思想政治教育中的主体地位观念，思想政治教育工作者可以更为充分地与他们进行沟通、互动，了解其思想动态，思想政治教育的针对性和实效性可全面得以实现。另一方面，学生在校园中可以在一定领域内树立主人翁意识，增强对学校的认同感和归属感，并且根据自身认识和感受对学校和教师的管理和教学进行信息反馈、做出评价，以及提出合理化建议和正当要求等，从而成为推动学校发展、提升学校教育质量的有机组成部分。

3. 科学性与思想性相结合

（1）科学性原则

思想政治教育教学的科学性是指其具有真理性、规律性。思想政治教育教学除了教授给学生科学的理论知识，还具有一个特殊功能，即对学生的思想进行改造升华，培养学生的马克思主义立场、观点方法，使其具有符合社会要求的思想道德素质，成为新时代全面发展的新青年，能够在社会中立足的基础上，为中国特色社会主义建设事业添砖加瓦。也就是说，其在掌握科学的专业知识技能的基础上，还能树立坚定的马克思主义信仰，并能在实践中熟练地运用这一科学的理论解决问题。这一教学科学性主要是针对其思想政治教育教学的内容、方式方法，以及教师队伍等。思想政治教育教学的主要内容是马克思主义基本理论，它是科学的世界观和方法论，其本身具有科学的特点，其知识构建必然也是科学的。思想政治教育教学是科学的内容与科学的方法紧密结合。只有科学恰当的方法进行思想政治教育教学是远远不够的，在实际教学中，教师要使学生对教学内容达到高质量的理解和掌握，还要让理论内容在学生头脑中发生思想的碰撞，达到科学性与思想性的统一，才能更好地提升教学效果。

（2）思想性原则

在思想政治教育教学过程中，有一段时间思想政治教育教学出现了一种偏向，就是用通识代替思政，思想政治教育教学重点是思，思者思考也、思想也。思就是要让我们的学生享受到思想的大餐，就是我们党的基本理论，也就是思想政治教育研究的对象。因此，在思想观念中，思是重点，它的表现形式是具体的内容，一是规律，二是伦理，三是法律。它是用于塑造精神、塑造人格、塑造合格的人的。

思想政治教育教学不是单纯地只讲知识的，首先要明确我们一定要把我们党的理论创新的结果介绍给学生，灌输给学生。灌输这个词是有它的道理的，我们要改变那种用通识代替思政，用知识代替思想的现象。在教给学生思想的同时要教会学生思考，让他们掌握思维的规律，提高思维能力，形成他们独特的思维风格。这是重要的教学方法，是我们思想政治教育教学的重点。目的就是不仅让学生继承人类思想发展的一切成果，更要把握我们党思想理论的成果，自觉创造思想的方法。

一句话就是要把我们的学生培养成为会思想的人，会思想的人是有灵魂的。科学性与思想性的统一，可以使思想政治教育教学在保证教学方向的正确性的基础上使学生能对科学知识进行高质量的领悟，达到教学对象与教学内容、目的的高度融合。科学性与思想性两者是相辅相成的，科学的方法和内容是思想正确传递的前提，而思想的形成是用科学方法传授科学内容这一教学过程的目的，缺少任何一方面，都会使教学效果大打折扣。

（二）高校思想政治教育教学方法的优化

1. 疏导教育法

（1）疏导教育法的基本内涵

开通壅塞的水道，使水流畅通，是疏导一词的释义。疏导教育法是由"疏"（疏通）和"导"（主要是引导）两个层面的步骤构成的。疏，即疏通，是指广开言路，集思广益，让大家敞开思想，对各自的观点和意见进行充分发表。导，即引导、开导，是指在思想政治教育中循循善诱，进行说服教育，对各种不同的思想与言论进行引导，让其走上正确、健康的轨道。

通过以上概念的归纳我们可以看出，要准确把握疏导教育法的基本内涵要从如下层面入手：一是重视"疏"的作用，疏导教育法是建立在教育双方地位平等、互相交流的基础之上的，即充分发挥了受教育者的自觉主动性，让受教育者讲出心中所想，教育者再根据受教育者具体的问题进行引导，是一种教育主体与教育客体思想、情感互相交流的方法；二是要重视"导"的作用，在教育过程中教育者要发挥主导作用，对受教育者所表达的正确思想观念予以肯定，对于不当和错误的言行进行说服教育，弘扬和宣传正确思想的方法；三是疏导教育法是一种解决人民内部矛盾的方法，应当本着"惩前毖后、治病救人"的原则进行，所以在运用的过程中主要是采取说理教育、真情感化、批评教育和循循善诱等方法进行。由此可见，疏导教育法是由相互联系、相互依存的"疏"和"导"两个方面构成的。没有疏通环节的畅所欲言、广开言路，引导就无法顺利开展；没有引导环节的利导引导、说服教育，疏通也就失去了意义和价值。

（2）发展疏导教育法的措施

①营造民主的制度氛围

随着我国社会主义制度的不断完善和社会经济的不断发展，我国传统的等级观念逐步被打破，在客观上也为教师与学生以平等的身份参与到疏导教育中提供了有利的条件。要营造平等民主的氛围应该做到以下两点。

首先，教师在面对教育对象的时候，应该始终保持平等的态度，尊重他们的权益，让学生自我教育的积极作用得到充足的发挥。在平等民主的氛围下，学生充分暴露自己的思想问题，提出自己的困惑，教师才能更好地解决学生的问题。学生将所学习到的思想、观念、规范纳入自己的意识体系，成为自己意识体系有机组成部分，理论知识才是真正被学生所接受理解。

其次，在教师与学生之间建立平等对话双向沟通的机制。例如，建立网站，教师轮班在线，当学生遇到问题的时候，不管是什么时候或者处在什么地点都能与教师进行交流。设立学院短信提醒服务，每周给学生发送温馨的贴士，对学生的生活与学习起到关心的作用。公开书记和校长的邮箱，让学生可以畅谈自己遇到的问题。通过机制的建立，教师要清楚、完整地了解到学生的问题所在，把学生的思想引到正轨上来。平等机制的建立不仅需要教师和学生的合作，更是一种信任，所以我们要激发学生的积极性，让教师与学生共同探索民主氛围营造的方法，这样也更能符合学生的心意，更容易被学生接受。

最后，鼓励和支持学生有组织、合理地表达诉求。疏导就是要广开言路、集思广益，要广开言路，就必须创造条件，让学生把各种意见讲出来。学生可以通过广播、微博等合理地表达自己的诉求，尤其是大部分学生都共同反应的诉求，学校应该积极地与学生进行沟通。

②创新疏导教育法的方式和载体

教育者需要对自己在实践中形成的疏导教育方式进行及时总结，提高对疏导教育的理解，有效地运用疏导教育法。教育者可以加强疏导教育知识和心理学知识的结合，了解高校学生的心理特点，从而跟学生进行更加有效的交流。教育者可以运用马克思主义理论教育学生高尚的思想道德情操、积极乐观的态度、革命探索的精神。教育者可以加强网络技术的运用，从而扩大疏导教育的应用平台，拓宽疏导教育的应用范围。随着社会经济的发展，传统的书信、面谈等方法在教育中发挥的作用越来越受到限制，规划教育者应该在疏导教育法中加强对于新科技的应用，包括建立局域网络、开通教师问答专线、手机短信温馨提醒等新科技手段。

③创造有利于疏导教育法运用与发展的人力物力条件

疏导教育法的顺利开展需要一定的物质基础，学校要为疏导教育法的开展提供良好的场所，为思想政治教育课程提供合理的课程规划，为思想政治教育课程提供新兴的技术和设备。首先，学校需要为疏导教育法的运用提供固定的场所和固定的时间，方便师生间的交流与沟通，学校也要为疏导教育法的运用提供不固定的场所和时间，使得教师对于一些突发的问题，矛盾尖锐的亟待解决的问题能够灵活地处理。其次，学校需要为疏导教育法的运用安排相应的课程。每一种教育方法都有自己的理论知识，有自己的专门概念、范畴和术语，因此在操作方法之前需要对理论进行学习，了解疏导教育法的概念、表现方式、形成原因等。在对基本的疏导教育法有了了解后，教育者应更加深入地研究疏导教育理论，组成课题小组，在掌握理论的前提下加以实践，从而推进疏导教育的发展。最后，学校要为疏导教育法的运用提供新的技术和设备。如今，互联网几乎已经成为学生生活与学习中的不可或缺的一部分。学校就是要利用现代学生的这种特点，顺应学生的爱好，在学生的爱好和习惯中贯彻疏导教育。

2. 榜样教育法

（1）榜样教育法的定义

榜样教育法是指树立先进典型，以先进人物的先进思想与事迹为榜样，对人们进行教育，提高人们的思想认识、道德素质和政治觉悟的一种方法。榜样教育法具有示范性、生动性和激励性等特征。教育者要想自己的教育获得更好的结果，就必须要对上述特征有充分了解，将受教育者本身的积极性激发出来，并且对受教育者的潜能进行挖掘。在恰当的时间采用适度的榜样教育法，对于教育者的个性发展与个人素质的提高可以起到促进的作用。但是，如果过度地使用榜样教育法就会导致受教育者产生心理疲劳，产生的效果与预期的效果相反，无任何价值可言。传统思想政治教育采取的大多数都是社会化的育人模式，只重视为经济的发展提供服务，但是却对个体发展的诉求熟视无睹。所以，要想让个体身心发展的需要得到满足，就要对人文理念进行完善，以此让受教育者的综合素养得到提升。

（2）强化榜样教育法运用的途径

①完善榜样教育法在思政课程中的运用

A.践行社会主义核心价值观

首先，榜样教育要坚持社会主义核心价值观的方向引领。社会主义核心价值观是当代精神的集中体现，其根植于中华优秀传统文化的土壤，吸引了世界文明有益成果。社会主义核心价值观在宏观上为榜样教育的发展提供了清晰明确的方向保证。

其次，榜样教育要坚持选树多种类型的榜样。社会主义核心价值观蕴含着国家、社会、个人多层次的道德要求，在进行榜样选择时应当坚持多样化，展现榜样热爱祖国、奉献人民的爱国精神，与时俱进、锐意进取的改革创新精神，辛勤劳动、创造未来的劳动精神。

B.思政课教师要自觉成为时代榜样

首先，思政课教师要不断提升理论文化水平，拓展知识储备，以扎实的功底进行思政课教学。传道解惑是一个教师的本职工作，思政课教师不仅要有坚定的马克思主义信仰，而且对五门思想政治理论课都要掌握扎实的学科知识，用新思想对自己的头脑进行武装，坚定理想信念，增强综合素质。

②发挥大学生自我教育的作用

学校要营造健康的网络学习榜样氛围。随着科技的快速发展，互联网已经全方位渗透到大学生的日常生活当中。大学生身处的校园环境不仅包括实体的校园环境，还包括虚拟的网络校园环境。目前，各大高校几乎都有内部的网络共享平台，比如官方网站、微博、微信公众号等。互联网传播的广泛性、盲目性等特点都对校园网络环境的健康度产生一定影响。学校要充分发挥互联网的积极作用，利用网络宣传正面典型的积极影响。

A.提升对榜样的认同

首先，大学生要加深对榜样的深层认知。一方面，大学生要关注不同类型、不同层次的榜样群体，不同类型、层次的榜样闪耀着不同的色彩和光芒。除了要学习和了解与自身联系密切的榜样群体，大学生也要加深对其他层次榜样的了解，接受多种榜样精神的熏陶，促进自身的全面发展。另一方面，大学生要通过多种途径全面、完整地认识榜样。媒体对榜样的宣传和报道往往是弘扬其主要的精神品质，大学生要深入挖掘榜样事迹和榜样行为，要不断提高判断是非的意识和能力，避免因为认知的片面性而产生对榜样的误解和扭曲。

其次，大学生要提升对榜样的认可。党和国家对榜样进行评选和表彰，是由于其对国家和人民作出了巨大的贡献。榜样模范人物计利国家、无私奉献、艰苦奋斗，是时代的楷模。青年大学生要自觉避免不良文化思潮的影响，坚定社会主义理想信念，加强对榜样人物和榜样精神的认可度。

B. 用行动践行榜样精神

大学生应该脚踏实地学榜样，诚诚恳恳做实事。一方面，大学生要积极参与校内榜样教育实践活动。高校是榜样教育的主阵地，也是大学生成长和发展的主要平台。大学生要积极响应学校的号召，用行动支持榜样的宣传教育活动；积极参加校内榜样的评选和选拔活动，促进榜样选拔机制的民主性和透明化，发扬自身的主体性作用；支持和协助学校组织的榜样宣传活动，了解榜样事迹，学习榜样精神。尤其是党员学生干部要充分发挥示范引导作用，在学习生活中坚定理想信念，关心其他学生的生活与学习，并且在他们遇到困难的时候，为其提供帮助，成长为道德与品质都优秀并且乐于助人的学生榜样。另一方面，大学生要乐于参加社会上的榜样实践活动，自觉在生活中发扬榜样精神；要积极响应国家号召，参与学榜样的社会活动；积极响应国家政策，敢于到基层服务国家和人民，敢于在艰苦的环境中彰显自己的价值，在奉献社会中才能真正实现自己的个人价值。

③形成尊重榜样和学习榜样的良好社会环境

A. 家庭教育父母要做好榜样

家庭教育要注重家教。模仿是人的天性，榜样教育法更是依据人的模仿心理。家庭教育中父母要做好孩子的表率。上行下效，父母遵纪守法，孩子便不会罔顾法律；父母勤俭持家，孩子便不会铺张浪费；父母知书达礼，孩子也会文明礼貌。父母应该用实际行动对孩子进行教育，让其能够践行社会主义核心价值观，并且引导他们热爱祖国、热爱人民，传播优秀中华民族传统美德。

B. 营造浓厚的校园榜样教育环境

学校榜样教育宣传要常态化、多样化。榜样教育法在高校日常的校园活动中要有所体现，而不是仅仅体现在思政课教学中。榜样教育的各个环节应当在高校活动当中常规化。组织学生参与榜样的选树和宣传既可以营造良好的氛围，又可以增强大学生对榜样的心理认同感和崇拜感。常态化的学习宣传榜样活动可以降低榜样教育的政治性和官方性，成为大学生自己的实践活动。榜样教育活动要打破传统自上而下的宣传模式，发挥大学生的主动性和积极性。学校还要支持思政课堂实践活动、学生会社团的课外活动，鼓励实践教学。

C.政府要健全学习榜样的激励机制

政府首先要做好榜样正当权益的保障机制。榜样人物最基本的权益必须受到社会和群众的尊重和维护，这也是对榜样最基本的尊敬。政府要做好榜样人物的权益保障，从制度上保护榜样的正当权利，从根本上给社会大众一剂"定心药"。政府还要做好榜样行为的奖励机制，心理学家班杜拉提出的"替代强化理论"认为，模仿者会因为看到榜样受强化而受到强化。如果学习者看到榜样主体因为榜样行为而受到表彰或奖励，那么他就认为自己也会得到奖励；如果看到榜样主体因为榜样行为而受到损害，那么就会认为自己也会受到损害。政府给予榜样行为的鼓励和奖励会成为一种积极的诱因，增加社会其他成员学习榜样行为的频率。

3. 言教与身教结合方法

（1）思想政治教育的言教

个体所接触或接受的理论、观点以及社会所提倡的价值标准无疑对"思考"的内容以及"思考"的结果产生着重要影响。也就是说，他人及社会中的各种言教对个体采取某种行为前的"思考"有着重要影响。言教不是简单地说说话、写写字，教育者的言教必须讲究艺术。在学校教育中，很多教师对工作尽心尽职，对学生关怀备至，可是并不十分重视对科学的教育方法进行探索，对学生的接受心理的研究与观察也不是很重视，总喜欢无休止地对学生进行空洞的说教，往往会造成相反的结果，得不到预期的教学效果，最后"苦口"欲碎，"婆心"见违，但是受教育者却对其传授的内容毫无兴趣，置若罔闻。

（2）思想政治教育的身教

俗话说桃李不言，下自成蹊。教育者的言教固然重要，但它与身教这两者之间并不是不分伯仲，而是身教重于言教，其主要的原因是对真理进行宣传的人能够对真理执行到什么程度，能够对受教育者对真理的相信程度起到决定性作用。思想政治教育中倘若教育者能够身先士卒地践行道德规范，那么受教育者非常容易在情感上与之产生共鸣，想要成为遵守道德、有美德的人的道德的欲望和情感也会因此得到强化。

教师的"尊严"其实就是在自己言谈举止、所作所为，被学生充分肯定的基础上树立起来的；在坚持真理，改正错误中树立起来的。一个没有学识的教师，学生轻视他，而一个品德不好的教师，学生鄙视他。在现实中，有个别教育者通常在面对受教育者的时候，以社会公认的、先进的做人规范来教导他们，而在自己的日常工作和生活中，则以自己所信奉或具有的做人规范做人，导致两重人格的形成。这是表里不一的表现，不仅难以让受教育者听其言，信其道，更会引起受教育者的反感。教育者应该要切记自己的每一个举动都是一面镜子，要想自己的"说"具有力量，一定要"做"得好，只有行为是正当的，其言语才能够具有说服力。行为超过了语言，语言才能做到掷地有声。当然，教育者的身教并不是要教育者逐个躬行自己的"所言"，而是自己的"所行"必须符合自己的"所言"，只有语言与行为相一致，人们才有可能真正地信服。

俗话说"运用之妙，存乎一心"，掌握科学的方法对提高教育效果、达成教育目标起着至关重要的作用。言教与身教作为思想政治教育的重要方法，如果能够运用得好，可以实现预期目标，提高受教育者的道德水平，如果运用得不好，不仅难以实现其目标，而且还会适得其反。所以教育者不仅应该做到言之有理，还应该做到反躬自省，身体力行。在思想政治教育中也是同样，每一个受教育者对教育者也是要听其言、观其行的，只有教育者自己首先做到言行合一，受教育者才会信其言，从其道，内化各种优良道德，做一个有美德的人。

（3）言教与身教有效结合的途径

思政教育工作者要做到言教与身教有效结合，必须做到以下两点。

首先，必须努力使自己成为学习和实践马克思主义、宣传和贯彻党的路线方针政策的模范。努力学习党的路线、方针以及政策，对其进行宣传，并且身体力行，是思政教育者党性原则的表现，也是思政教育者一项基本的工作职责。所以，教育者必须时刻保持与人民群众的血肉联系，同时，还要用党的路线方针政策教育群众，使之变为群众的自觉行动。

其次，思政教育工作者还必须严于律己，在社会生活的各个方面起表率作用。不论是端正党风也好，进行思想教育也好，领导干部和思政教育工作者都必须以身作则，成为群众的表率。身教在先，言教才会更具有信服力，言教与身教有效结合才更能达到预期的教育效果。

（三）高校思想政治教育教学场域的构建

1.建构公平正义的教学场域

面对学生之间存在相互竞争的现实，思政课教师务必建立公平正义的教学场域，以公平正义凝聚学生和号召学生。自古以来，中国人对社会的认知有一个最基本的法则，那就是"不患寡而患不均"[①]，中国人对公平正义的追求是刻在骨子

---

① 论语[M]. 陈晓芬，译注. 北京：中华书局，2016.

里的。对于学生而言，在本就存在差异性竞争的条件下，一位老师如果做不到公平正义，那么学生就会出现心理排斥，如果一个思政课老师做不到公平正义，不但被学生排斥，更会被学生鄙夷直至无视。为此，作为思政课教师，必须在教育教学活动中坚持公平正义的原则，即便一天只是上了8个课时，认识不全所有的学生，但这一法则不能动摇，如果一位思政课老师做不到公平正义，也会影响其他思政课老师在学生心中的印象，最终带来损失的是思政课的整体教育效果，威胁主渠道的教学实效。目前来说，威胁公平正义的主要表现有两个：一是价值观不正确，以金钱、地位等作为衡量人生价值的标准，在教学和生活中，自觉不自觉表现出拜金主义，学生发觉或者意识到这个情况之后，就会对教师的形象大跌眼镜，上课时候对这个老师教授的所有知识也就不以为然了。二是在评价环节优亲厚友，对"关系户"学生格外照顾，如果这个学生本身足够优秀，可能也没有学生说三道四，但是这个学生如果没有做出令人信服的成绩，则会在更大范围内影响学生对社会的判断。上述两种情况，看似是小事，实则在学生心目中是大事，直接影响师生关系和学生间良好的关系，进而导致人心背离，学生对教学和上课产生排斥心理，没有任何乐趣可言，当这种认知传染开来，无论当事教师如何有才，也就不会再具有号召力、凝聚力和吸引力了。

2. 建构科学高效的教学场域

科学高效的教学场域能够确保学生学有所得，确保教师教有所获，师生双方同时得到价值实现。为此，科学高效的场域构建务必做好以下几个方面的工作。一是教材体系到教学体系的成功转化，这种转化的成功能够避免照本宣科，避免全堂灌输，避免单一枯燥的讲授，能够将教学重点、难点和教学目标与时代相结合，与学生相结合，与国情相结合，从而使得学生身临其境，感同身受，自觉与祖国人民同呼吸共命运，自觉将人生价值的实现与国家的富强、人民的幸福有机结合在一起。二是尊重学生成长规律和教育教学基本规律，辅之以特殊事情特殊处理，应用科学合理的方法路径为实现思想政治教育的目的而努力。三是把握思想政治教育的特征，学会灵活应用思想政治教育方法，完成思想政治教育的主要任务。思想政治教育具有导向性、渗透性等特征，也有基本教育方法，如理论教育方法、实践教育方法，还有具体教育方法，如疏导教育法、激励教育法、感染教育法、心理疏导法、预防教育方法等。依据学科特点，坚持诸多方法的灵活应用，是建构科学高效教学场域的基本要求。只有如此，才能确保师生乐在其中。

3. 建构危机管控的教学场域，确保师生在相互感动中携手前行

教学场域作为一个密闭狭窄空间，由于师生之间、学生之间的交流互动而构

成一个交往共同体，由此决定矛盾的必然性。作为教师，必须做好场域管控，否则会给多方带来不必要的损失。其中突发性危机事件最为考验思政课教师的教学场域管控和创新能力。为此，合理利用场域内突发事件，进行积极转化，避免消极共振，能够在"谈笑间"给学生以巨大的心理震撼，从而达到思想政治教育特别强调的立德树人效果。例如学生在课堂玩手机早已司空见惯，很多学校为了杜绝这一现象，采用非常之法，课前收缴集中者有之，不准带入课堂者有之，严厉处罚者亦有之。笔者对此类方法并不认同，也不赞成为了提高抬头率而强制学生不带手机或者收缴手机，而是对玩手机者进行积极正面引导，帮助他们走到认真自觉听课的路上来。例如针对课堂玩手机的情况，我们假设在课堂中，一个同学点开了某视频播放平台，背景音乐是流行歌曲《少年》的片段，"我还是从前那个少年，没有一丝丝改变，时间只不过是考验，种在心中信念丝毫未减"。歌声响起来之后，学生肯定会紧张慌乱，认为教师要责怪并严厉处罚她，此时，我们可以进行积极正面引导，停止讲课，紧跟着音乐唱出后面的唱词，并进行"刻意的表演"，可想而知，当所有学生看到这样的表演会是什么样的反应。但教学场域的构建并没有就此结束，我们可以紧接着从这首歌的歌词出发，适时引导学生理解了不忘初心，理解了理想信念。我们相信，通过这样的引导，课堂中玩手机的学生会越来越少，并且会认真积极投入学习。科学高效的教学场域建构能够确保师生乐在其中，从而推动师生双方走上良性循环道路。

（四）高校思想政治教育教学内容的创新

1. 思想政治教育应该创新的内容

（1）学生的思想教育

在新的时代背景下，思想教育是新时期思想政治教育的基础，21世纪的大学生作为国家和民族的希望，需要积极适应新的形势需要。传统的思想教育方法主要是灌输思想，只是单纯地要求和规范学生的言行，只是机械地告诉学生什么是正确的思想和道德行为准则，但是这些说教往往是不够的，传授的思想更加片面化，并没有真正内化他们的思想，导致这些思想教育更加虚假和片面，不能指导学生生活，不能准确地让学生塑造体现新时代内涵的世界观。这就需要教育者通过高尚的人格魅力感化学生，通过以情动人，帮助学生正确审视人生的发展，让学生们认识到，人们只有让别人完美，让他们感觉到幸福，自己的生活才能达到完美。当代的大学生思想较为开放，认识问题和分析问题的能力较强，都有自己的见解，很多学生对教师照本宣科的说教往往不信服，甚至会产生逆反心理，这就要求教师应用好课堂讲台、用好校园阵地，以自己的言行引导学生梳理正确的价值观，为高校开展思想政治教育增加生机和活力，这对高等教育的新时期走向起到一定的积极作用。

（2）学生的道德教育

高校思想政治教育的核心环节就是加强道德教育，这就要求我们重视大学生的思想道德教育工作，更新教育观念，树立以人为本的办学理念，完善新时代高校德育的内容，坚持以人为本，上好思想政治教育课，加强思想道德的自律。道德需求是不同于物质需求和精神需求的一种特殊的社会需求，道德需要具备一定的心理倾向，不是从社会中获得和索取的外在的东西，而是内心的一种满足，教师要充分认识到一些学生存在道德认知与道德行为脱节、言语和行为不一致的现象。

（3）学生的法治教育

在新时代，完善大学生法治素养的核心是加强学生的法治教育，大学生要具备的一定的法律素养。要以提高法律素质为核心来加强大学生的法治教育，要以法律基础课为主，采用多种形式相结合的方法。高校必须充分利用这一教学平台，充分发挥其法治教育的主要渠道作用，将法学理论知识的学习和具体的实践相结合，让大学生更加深刻地理解法治精神，并且与其他课程相结合，相互渗透、相互影响，这样才能更好地促进学生综合素质的提高。同时还可以营造良好的法治教育环境和氛围，依法治校，建立有效的规章制度。

2.思想政治教育内容创新的具体要求

（1）注重内容的生活化

我国高校的思想政治教育内容严重滞后，难以真正地实现与时俱进，现有的教育水平以及教育质量不容乐观，学生在学习的过程之中过于被动，同时教师也面临着较大的教学压力。之所以会出现这一现象主要在于大部分的高校在落实思想政治教育的过程之中实际的教育内容缺乏一定的实践性以及生活化。尽管对于社会主义国家来说，思想政治教育课程的设置必须以说教为主，但是作为新时代的思想政治教育工作来说，除了注重对学生的引导以及正面教育，还需要立足于社会现实以及教育内容的实际情况进行有效的革新，通过对国外形势的分析，结合国家经济建设的实际情况，对大学生进行有效的引导，保证大学生能够主动地接受学校的思想政治教育以及理论熏陶，积极地关注社会现实，从而树立正确的政治观以及政治立场，为我国和谐社会的建设以及社会主义良性发展作出自身应有的贡献。

（2）注重内容的实践性

长期的应试教育导致我国在落实课程教学的过程之中只关注对学生的引导以及知识的灌输，忽略了学生实践能力的提高，这一点不仅导致学生在思想政治学习的过程之中缺乏一定的主观能动性，还难以真正地在思想政治学习过程中掌握理论精髓，难以在教师的引导之下提高自身的政治素养以及道德情操。通过实践调查可以看出，学生缺乏一定的参与积极性的主要原因是现有的思想政治教育课程在内容上过于死板，难以对学生进行有效的指导，没有办法真正实现实践与理论教学的有机结合。我国高校的思想政治教育除了需要以培养学生正确的思想政治立场为立足点，还需要提高学生的动手能力以及实践能力，让学生能够在教师的引导之下积极地参与各种社会实践，在社会公共活动的过程之中发挥个人的作用以及价值，为国家的经济政治文化建设提供力所能及的帮助。

3.思想政治教育内容创新的具体策略

（1）增强思政课的影响力

高校是思想政治教育的重要阵地，也是意识形态工作的重要平台。高校思想政治理论课对大学生进行有明确教学目的和教学任务的活动，向大学生传播和灌输党的执政方式和执政理念，传播我国的主流意识形态，从而达到使大学生形成正确的思想意识的目的，作出正确的价值和行为选择。高校思政教育的内容主要是对大学生进行纯理论知识的"说教"式灌输，这样的传统课堂枯燥乏味，且难以达到预期的教育效果。这就要求思想政治理论课教师以生动形象的案例和幽默风趣的语言阐释枯燥难懂的知识点。例如，思政课上教师应多将革命人物事例与高校思政知识点和教材内容呼应，通过真实生动的事例，一方面能够使学生透过革命人物了解当时的时代背景和政治背景，同时更好地掌握思政知识。另一方面，革命人物在不同的历史情境下所体现出来的政治站位和行为价值选择，也是高校大学生理想信念教育的重要素材和内容。思政课是高校思政教育的"主渠道"，在新时代背景下，对于"主渠道"作用的发挥提出了新的要求。用好思政课"主渠道"是大学生成长成才的关键。因此，高校更应通过思政课教学培养学生以科学理论为指导的认知能力和顺应社会发展的正确三观。

（2）打造课程思政

作为全新教育理念的"课程思政"是指通过将思想政治知识渗透到更多的课程中，从而达到学生思想政治水平全方位提升的目的，实现思政教育成效最大化。

首先，高校在思想政治教育工作中务必要抛弃过去仅仅依靠思想政治理论课来实现"立德树人"根本任务的陈旧理念，要深入挖掘各门课程中的思政教育元素，促进开展"课程思政"和"思政课程"同向同行，不断强化理论与实践相结合的教学阵地，使高校课程在不影响专业教育的基础上尽显思政底色。近年来，上海市在"课程思政"的改革中总结出一些宝贵经验。面对新生代教育对象日新月异的变化，上海提出"课程思政"改革无论是内容或形式都要符合年轻一代的特质。如复旦大学的《治国理政》、华东政法大学的《法治中国》等课程的推出，不仅结合了学校专业特色，而且内容以当下热点话题、时代发展大势为主，授课方式也以"头脑风暴"式讨论和调研为主，极易引起学生的共鸣。上海高校"大师剧"也受到了强烈追捧，如上海交通大学《钱学森》、上海中医药大学《裘沛然》等，用舞台剧目的展现形式，将社会主义核心价值观教育与提升思政教育亲和力融入其中，学生通过感官体验把教学内容内化于心，这样一来舞台成为思政新课堂，从而发挥润物无声的育人作用。上海"课程思政"创造性地将社会主义核心价值观精髓融入了形式多样的教学中，对思政教育产生了潜移默化的影响。

其次，大学生对于网络热点事件易产生较高的兴趣和关注度，专业课教师应提高对热点事件的敏感度，在网络热点资源中捕捉能够与思政内容相对应的素材，巧妙地与思政知识相融，提高了学生的学习兴趣和教学成效。

最后，在"课程思政"建设过程中，思政课教师、专业课教师以及其他专业人员要高效联合，找到思政课程与专业课程之间的契合点，完善"全员全程全方位"育人体制机制，在不影响专业课程教学效果的前提下，将思想政治教育精神和内涵传达给学生，使高校学生时刻以专业知识和科学理论知识武装头脑。在提升专业学习的基础上使思政教育更加深入学生意识，以此扩大高校思想政治教育的影响范围。

（3）推进思想政治教育科学理论时代化

任何一种思想的出现都是特定时代的物质世界和精神世界的反射，反射出时代赋予的任务和要求。推进思想政治教育科学理论时代化，即推进思想政治教育过程中马克思主义理论时代化。马克思主义科学理论能够拥有强大生命力，历久弥新，正是因为其不断适应时代提出的新要求、融入时代新元素并回答时代提出的新课题。推进高校思政教育科学理论时代化是高校面临的新的历史课题，高校思政教育的实效性正是体现在时代化。

首先高校务必要重视理论内容的创新，紧跟时代发展的步伐，把握时代本质和时代发展趋势。高校对大学生而言是党和国家重要的"传声筒"，是向先进大学生传达最新理论、政策和会议精神的中间载体，因此更应重视将党和国家的理论灌输给学生，及时准确地将党和国家的重要思想内容和重大会议精神更新到思政教育的内容中，对于教材内容要做到及时更新并传送到学生手中，对于重大会议精神的领悟，高校应及时开展专题讲座或召开主题活动，帮助学生和教师解读和领悟重大政策精髓。

其次，高校的党团组织建设也应体现时代化的内容。高校学生党团组织是高校思想政治教育工作的传统载体，高校党团组织建设也一直是高校重点工作之一。其工作内容包括对积极分子的选拔、教育与考察、对预备党员的考察以及对党的路线、方针、政策的宣传和学习，因此，作为思政第二课堂的党团，其内容也应体现时代化精神。

最后，时代化也体现在教育模式、方法和途径的与时俱进，高校应不断优化和改进教育理念、内容、方法以及环境，用符合时代的新理论指导学生，用全新的科技媒体辅导学生，用最新的教学方法引导学生，使理论知识更贴合学生生活实际。从理论内容的与时俱进和宣传教育手段的与时俱进，极大地促进高校思想政治教育时代化，从而体现教育实效性。

（4）推进思想政治教育科学理论大众化

通过教育宣传马克思主义是马克思主义大众化最基础的方法。马克思主义理论只有被作为社会主体的大众所接受、所理解、所掌握，才能成为改造世界的巨大精神力量。作为指导中国具体实践的科学理论，其根本要求和内在要求就是马克思主义大众化。高校开设的马克思主义理论相关课程，意图通过有计划、有目的的教学活动，使高校大学生理解并接受马克思主义，同时将其内化为自身的一种信仰，指导和影响思维和行为活动。一方面，在高校思想政治教育中，教育者应将马克思主义理论枯燥乏味的语言转用生动、形象的语言将其内涵传达给学生，同时借助鲜活的案例和感人的事迹，在真实的教育情境中，让学生感悟科学理论的先进性和真理性。另一方面，高校通过在校报、校园专栏以及微信、微博公众平台等刊登或发布大众化马克思主义相关内容，以深入浅出、生动活泼的语言文字，将通俗化的马克思主义理论运用于分析当前热点事件和时代大势。

高校思想政治教育大众化，更是国家未来稳定发展的基础。高校培养了无数科技文化精英，他们承载着国家未来发展的重任，将通过与社会的互动对社会各方面的发展产生影响。高校思想政治大众化就是要将马克思主义理论转化为思想武器，内化修养，外化行为，是维护社会稳定、国家发展的前提。

（五）高校思想政治理论课教师主导作用的强化

1. 强化教师的主导作用，体现在对于教学目标的明确认知

教学目标是教学活动的出发点，也是教学活动有效评价的根据。思想政治理论课教师要根据教学大纲要求，明确认知每一节课堂教学的整体教学目的以及由此而分解产生的知识目标、情感目标、价值目标以及技术目标。也就是自己先要明确，通过该堂课程学习，学生可以获得哪些理论知识、情感体验、价值导引和专业技术，从而达到课堂教学有的放矢，而不是空洞无物的满堂灌。

2. 强化教师的主导作用，体现在对于教学内容的主动取舍

思政课教学内容不能仅仅局限于教材范围，教材是个"本"，不能完全丢弃，但也不能照本宣读。因此备课既要备教材也要根据教学大纲的规定，进一步拓展知识范围，选择典型案例，选取恰当的教学方法，这就要求在教学内容的取舍上要重点突出、主次分明、逻辑清晰，顺利实现由教材内容体系向教学内容体系的转换、书面语言向教学语言的转换、知识体系向价值体系的转换。

二、高校思想政治教育环境的优化

（一）开展学风校风建设，美化学校育人环境

1. 开展校园活动

通过开展校园活动为高校思想政治教育营造一个浓厚的文化环境。高校要结合自身的发展特色，创办健康的学术活动品牌。以学术报告会、名师报告会、学术论文竞赛、学术论坛等丰富多彩的学术活动，提升大学生的学术素养。高校要充分发挥校学生会、学生社团的作用，积极举办校园文化艺术节等系列活动，将文学艺术元素融入学生的日常活动中，努力营造一个浓厚的文化艺术氛围，不断提升学生的艺术素养。社会实践活动是高校的第二课堂，学校可以通过见习、实习、志愿服务等形式培养大学生的社会责任感、归属感。

2. 营造民主氛围

校园文化是一种群体文化，它是通过师生的努力在教学、科研、管理的实践中建立起来的，借助这一群体文化丰富师生的精神世界，就必须营造民主氛围，积极调动全校人员特别是师生参与校园文化建设的积极性。在校园文化中营造民主氛围，就是要让高校重大决策的透明度、公开性大大增加，师生参与重大决策的讨论意见应当被广泛征集或采纳，使师生的声音和意愿更好地在高校的重大决策中得以真实准确地反映；还可以建立学校领导与师生间的联系渠道，例如实行

校长网上接待日，设置师生监督岗、长期设立意见箱等，通过这些措施双方以充分交流意见，进一步激发师生的精神动力、主人意识与归属感。

同时，要按照民主的原则来组织具体的校园文化活动和社团活动，处理问题、解决事情也要通过民主程序，这样使学生的民主意识得到培养。民主氛围的营造，是师生积极参与校园文化建设的基本条件，也是促进校园文化建设使其平稳推进的重要保证，因此，下大力气营造浓厚的民主氛围是必要的，师生精神世界的丰富也需要以此为依托。在校园文化建设中要充分发挥师生的作用，鼓励学有专长的教师以导师身份参与到校园文化活动中来，帮助学生编排健康有益的文化体育活动，善于将传统节日、重大事件等元素融于其中，经常给予学生指导或建议，不断提高校园文化活动品质。与此同时，要增加这些活动对学生的吸引力和感染力，使越来越多的大学生积极主动地参与校园文化活动，这不仅可以让学生从中得到锻炼，还可以让学生的精神世界不再空虚，借以提升校园文化建设的水平。

3. 建立健全校园文化设施

校园文化设施先进且齐全，校园文化环境优美且恬雅，为校园文化活动井然有序地开展创造了便利的物质条件，也标志着整个学校文化建设与发展的水平。因此，校园文化设施的建立健全和校园文化环境的构筑，是校园文化建设过程中不能遗漏的重要组成部分。高校要科学规划、加大有关方面的资金投入力度，使各类文化设施不断完善，如图书馆、校史馆、电教馆、实验室、音乐厅、学术报告厅、体育馆、计算机中心、博物馆等，利用这些场所来开展具有不同意义又多姿多彩的校园文化活动，使大学生的精神文化生活需要得到满足，进而丰富他们的精神世界，全面提升校园文化活动的层次与水平，使校园文化活动的整体效果进一步增强。

同时，还应对校园进行合理布局，在绿化美化校园中形成自己独特的文化向心力，使大学生在一个共有的精神家园学习生活。可以从对学生情操的陶冶和综合素质的提高视角出发并结合高校自身发展的历史变迁情况，搞好校园景观建筑，做好园林绿化，完善教学楼、宿舍、图书馆等场所，让整个校园散发出迷人芳香、充满青春活力，成为一个既美观舒适又和谐宁静的校园生活圣地，用这种方式感染和影响着每名学生，从而达到无声胜有声的育人目的。

（二）弘扬优良家教家风，建构和谐成长环境

父母是孩子的启蒙老师，家庭是社会中结构最小的组成单位。家庭教育是指在家庭生活中，父母对晚辈子女进行的知识、品德与技能方面的教育以及孩子在

家庭中耳濡目染中所接受的熏陶与教育。家庭教育是学校教育的前提和补充，而高校思想政治教育是家庭德育的自然延伸，两者相互配合，形成思想政治教育的合力。历经代代传承，不同的原生家庭形成了不同的家教家风。所谓的家教，就是指一个家庭在长期的共同生活中所形成的体现在每个家庭成员身上的自然而然散发出来的教养和气质。而所谓家风是指家庭成员在耳濡目染、潜移默化中形成的共同的行为风格和处事方式，家教和家风息息相关。好的家教、家风能够成为催人奋进的不懈动力，不好的家教家风则会影响孩子的健康成长。红色家风作为我国家教家风文化中弥足珍贵的组成部分，对于我们传承好革命精神传统具有重要的意义和作用。老一辈无产阶级革命家毛泽东一生艰苦奋斗，对待子女也严格要求，从来不搞特殊，两袖清风，一身正气，堪称优秀家风的典范。家风建设是社会风气建设的一部分。要弘扬积极、健康、向上的社会风气，家教家风建设不可缺少。所以，家庭教育作为一种重要的社会教育实践活动，也需要在科学的理论指导下进行，家长只有通过学习科学的教育知识，制定合理的教育计划，才能达到家庭教育的最佳效果。而且家庭教育和学校教育两者相互配合，形成思想政治教育的合力，才能取得事半功倍的教育效果。因此，学校教师要发挥自身专业性、权威性的优势，向家长提供正确的家庭教育理论指导。目前，我国仍然存在部分家长忽视时代变化和大学生的实际特点，仍然采用落后陈旧的方式方法对子女进行教育。对此，高校教师要在现存的家庭教育理论研究的基础上，不断深化对大学生家庭教育的内容、方法研究，进一步丰富大学生家庭教育理论的成果，通过构建新型家校沟通机制，对大学生家庭教育给予更科学的理论指导。通过家长座谈会、家庭教育讲座等多种渠道引导家长用符合时代发展和大学生特点的理论知识武装自己，并帮助大学生消除在学习、生活方面的困难和疑惑，使大学生在家庭教育和高校思想政治教育共同作用下朝着正确的方向发展。另外，要鼓励大学生与家庭其他成员之间加强信息沟通和思想交流。

三、高校思想政治教育机制的优化

（一）建设科学的评价体系

1. 科学设定评价指标体系

高校思想政治理论课教学评价指标体系的科学化程度决定了评价活动的水平，因此建立科学合理的评价指标体系成了教学评价的首要任务。高校思想政治理论课教学评价指标体系内在地包括了指标项目、权重集合和量化方法三个组成部分，三个部分相互联系、共同影响着教学评价指标体系的整体性功能。

（1）规定有效的指标项目

教学评价指标项目的制定必须与教育目的和教学目标保持一致。教学评价指标项目是高校思想政治教育目的的体现，是思想政治理论课教学目标的全面再现。如果教学评价指标项目游离在教育目标之外，教学评价将失去意义。因此，指标项目的设置应以学生的全面发展为基础，具有丰富的实践性和可行性，保证其内涵质量最优，注重定量评价与定性评价的结合，保证通过测量能够得出明确结论，使指标项目得到主体的广泛认可，具有切实的可行性。

（2）保证权重集合的信度和效度

权重集合代表着各指标项目之间的关系，体现了指标项目的系统性。指标项目是教学评价指标体系中必不可少的子系统，是各个项目相互作用的有机整体。作为一个整体，各指标项目的设置就要体现其结构性。评价指标要侧重于实际应用，以坚持从实际出发、收集第一手材料来确保权重集合行之有效。

（3）采用科学的量化方法

量化方法必须体现高校思想政治理论课教学评价指标体系的应用范围，并与教学评价的目的相适应。但出于高校思想政治理论课教学的群体性，主体要尽量确保量化方法简单易行，并制定一部分具体指标作为监控参数，如出勤率、及格率等。

2.建立多维教育评价体系

从教学内容出发，将知识评价与价值评价相结合；从教学方法出发，将内在评价与外在评价相结合；从教育理念出发，将现实评价与潜在评价相结合。

（1）知识评价与价值评价相结合

①高校思想政治教育存在其知识属性。通过课堂教学，能够使学生掌握党和国家的指导思想和基本规范。对高校思想政治理论课进行教学评价首先要注重对高校学生掌握和理解知识的程度进行考试和考查，以考试和考查的各项结果为依据展开评价。这是对课堂教学的知识性评价。

②高校思想政治理论课的教学任务不仅在于向受教育者传授理论知识、培养受教育者解决问题的能力，而且还在于引导受教育者将所学知识内化为价值观念和行为准则，这是高校思想政治教有的价值属性。评价高校思想政治理论课的教学实效，必须以学生政治方向的科学性程度和价值取向的合理性程度为依据。

高校思想政治理论课教学的知识评价和价值评价是以教学内容为基础而展开的。当知识评价与价值评价都能得出合理的结果，则可认为实现了成功的课堂教学。坚持知识评价和价值评价的有机统一,就是坚持了马克思主义关于成功所要坚持的真理原则与价值原则的统一。

(2) 内在评价与外在评价相结合

一方面,高校思想政治教育的教育主体是具有能动性的人,教育者会自觉针对教育结果进行内在评价,也就是自我评价。自我评价的特殊性在于评价主体是教育者本身,自我评价的标准通常是教育者对于教学效果的预估和课堂教学取得的实际效果之间差异。内在评价有助于教师及时调整教学方法,实现教师的自我发展。

另一方面,仅仅依靠教育者内在的自我评价而进行的教学反思是不全面的,改进教育手段和教学方法需要发挥外在评价的辅助作用。外在评价包括高校学生对教师的评价、教师之间的相互评价和高校进行的各种教学评比活动等。外在的评价结果能够客观地反映教育过程中存在的问题,激发教育者的团队合作意识和良性竞争意识,全面提升教育者的教学水平。

(3) 现实评价与潜在评价相结合

一方面,高校思想政治教育具有现实价值,包括知识体系的真理性、教育环境的客观性和教学方法的针对性,综合运用有效的现实要素能使高校思想政治教育更好地为当下服务。现实评价是衡量高校思想政治教育现实价值的重要标准,完善高校思想政治理论课教学的现实评价能够及时反映现实问题,切实提高教育效果。

另一方面,高校思想政治教育还会对受教育者产生间接影响,这种影响并不直接体现在受教育者的外显行为,而是发挥自身的"后劲",伴随着受教育者持续发展,这就是高校思想政治教育的潜在价值。从长远计,高校思想政治教育不仅要着力于现实价值,更要注重实现其潜在价值。

3. 合理运用教育评价结果

健全的评价指标体系和多维的教学评价方法能够为教育者带来有效的教学评价结果,科学合理的教学评价结果能够良好地发挥其导向、调控和激发功能。主导教学活动的实质倾向,使教学活动的重点问题显而易见。鼓励教育者对课堂教学的评价进行评价,从而完善评价体系建设,推动教学活动进一步发展。

(1) 主导教学活动实质性倾向

新时期的高校思想政治理论课教学评价要以国内外环境为背景,以教育目的和教学目标为基础,以提高教学质量为目的展开。基于指标项目的科学性和量化方法的合理性,教学评价的结果带有客观性和公正性。高校思想政治理论课的教学评价结果能够为教育者的发展提供参照坐标,通过分析评价结果,引导教师提升教学技能、改革教学方法、优化教学过程,发挥教学评价的导向功能,教学评价才具有现实意义。

(2)突出教学过程的重点问题

基于权责系统的信度与效度,教育评价活动得以既全面又有所侧重地开展,这使得教育评价的结果既具有全面性,又具有针对性。坚持在全面了解的基础上突出重点问题,就是坚持辩证唯物主义矛盾分析方法。教育者通过对高校思想政治理论课教学评价的结果进行数据化统计与分析,能够得出教学过程中存在的普遍问题与核心问题。并集中力量加以解决。

(3)激发课堂教学元评价意识

对高校思想政治理论课进行教学评价,目的在于更有效地开展教学活动。但是,教学活动是一个动态发展的过程。教学评价的指标体系和方法体系也要紧跟教学活动的发展。一旦教学评价指标体系和方法体系滞后于教学活动发展现状,评价活动将不再合理恰当,就会产生一系列负面效应。这些现象从对教学评价结果的分析中就可以得出。理性分析教学评价结果,能够引导教育者对教学评价的质量加以评价,即元评价。教育主体具备较强的元评价能力,有助于及时调整教育评价指标体系和方法体系。减少由于评价指标和方法不当带来认知上的偏差。

(二)建立健全激励机制

当前我国有些省市划拨专项资金用于提高高校思想政治教育工作者的待遇,这是重视思想政治教育工作的重要表现之一,但另一方面,又要警惕另一种苗头的出现,即单靠发津贴或补贴来调动从业者的积极性,这既可能牵涉地区间经济社会发展不平衡并因此导致同工不同酬的问题,也可能导致从业者积极性没有被调动,反而滋生惰性。正确的做法是以激励机制改革和调整为突破口,提升高校思想政治教育工作质量。此外,思想政治理论课课程教学活动中存在大量重复劳动,这一点容易滋长职业倦怠,拖累教师自我发展,这也是激励机制确立过程中需要考虑和研究的问题。

(三)加大高校经费投入,强化经费投入的育人导向

随着教育对经济社会发展的作用日益凸显,地方政府、社会组织和家庭对教育的投资也在不断增加,我国教育的投入产出逐渐步入良性循环,教育环境得到了不断优化。今后随着本科教育工作的不断加强,国家在继续扩大对高等院校经

费投入的同时，将不断强化经费投入的育人功能，鼓励各高等院校逐步改变"重科研、轻教学"的局面，把经费投入直接投向教学工作，尤其是投向基础类教学和公共类课程教学，从而推动思想政治理论课与通识类课程的内生增长，不断提高人才培养的质量。具体来讲就是要加大本科教育教学的资金投入、加大对实验实践教学环节的资金投入等。

（四）搭建自由化学术交流平台

良好的学术交流平台是高校思想政治教育内容和信息共享的有效载体，搭建气氛活跃、思想自由的学术交流平台，积极开展学术交流活动，有助于激励各方主体敢于交流、大胆创新，为开展高校思想政治教育实践活动奠定坚实的情感基础。

首先，力求规范，体现学术交流平台的科学性和实效性。学术规范意识是学术活动的前提和基础，对于学术交流具有重要意义。学术规范规定着学术话语的基本体系和学术见解的呈现方式，要促进高校思想政治教育学术活动实现更全面的人际交流、校际交流，甚至国际对话，必须确保学术规范被广泛遵守。学术规范的水平还关系到学术交流的深度和质量，只有将学术规范严格化，在已有学术成果的基础上科学设定学术规范，精确把握核心问题，全面梳理现有资料，才能增强学术交流的效果，开展高质量的交流活动。

其次，着力创新，体现学术交流平台多样性和组织性。构建一个繁荣的学术交流平台，就要创新学术交流的活动形式。通过相关著作的出版、开展系列学术报告、举办各类论坛、推进校际学术交流等多种活动促进学科内多元主体的相互借鉴，实现各种观念和思潮的碰撞，并激发研究主体的求知欲和研究灵感。此外，研究主体应充分重视高校思想政治教育学术交流平台的教育服务功能和组织管理功能。以日渐多样的交流活动为载体，使参与者在活动过程中将交流成果与高校思想政治教育基础理论结合起来，并内化为自身的行为准则，丰富学科知识体系，促进学科专业化发展。

最后，结合形势，体现学术交流平台的时代性和灵活性。学科知识体系内不但包含了基础理论，还包括对当代世界经济与政治现状的研究。面对国际关系的博弈与国内价值主体多元化的发展态势，高校思想政治教育的学术交流活动也必须具有鲜明的时代色彩。交流活动的内容与形式都要涵盖学科前沿，体现国内外的环境特征和我党所持的基本态度。

高校思想政治教育学术交流平台的建设应当坚持从实际出发，确保各方主体针对当前学科面临的切实问题展开交流合作。高校思想政治教育的切实问题在于新时期背景下如何加强对学生意识形态的培养。在开展学术交流活动之前,各方主体应对学生的思想状况及其成因进行较为透彻的了解,并以学生当下的心理特征为前提开展活动,以保证学术交流平台的灵活性。

(五)加强思想政治教育工作的监督管理

1. 明确管理责任,提高思想政治教育监督管理水平

简单地讲,监督管理就是监督检查、督促办理,从而提高管理绩效和管理水平。检查督办一方面是核对上级领导安排和部署的工作的执行落实的情况,另一方面是对下级部门工作作风的检查和监督。所以明确责任管理,提高监督管理水平是推进工作、落实工作的有效手段。通过加强思想政治教育工作的监督管理水平,可以保证思想政治教育的政策落到实处,从而不断提升思想政治教育的时效性。根据不同的分类标准可以将监督检查分为不同的种类。一是通过分部门开展监督检查,强化抓落实的自觉性和责任感。通过建立健全目标督察机制,把目标决策、责任执行、监督考核纳入整个督察的范围中,进一步激发各个部门抓落实的内在动力。比如,可以建立目标分解机制,以马克思主义学院为主,并将教学目标、科研目标、教师发展目标与教务处、科研处、人事处相对接,对于工作要点进行分解立项、明确督查重点,将目标和任务尽可能地量化细化,用准确的实施步骤和时间表来不断督促。还可以实施责任落实机制,将重大的责任细分下去,让每个人在执行责任的过程中,明确责任意识,进而由零到整,落实责任。二是通过分层级开展督查,凝聚抓落实的合力和推力。积极协调各方力量,坚持主要领导、分管领导、学校督导、教学学院四个方面形成督查合力,有效推动工作落实。首先,学校主要领导要根据教学和科研要求,按照落实进度情况,及时督促相关部门完成工作任务。其次是分管领导要抓调研、当参谋。再次是学校督导要进学院、进课堂,及时督导整改教学情况,使督导工作成为抓落实重要的一环。最后是教学学院要做好内部督查工作,督促各个教研室完成教学任务、科研任务,引导教师自我加压、自我督查,强化执行,推动各项工作落实。三是要分措施开展督查,深化抓落实的成果和效能。首先要拓展督查领域。督查的领域不能只局限于课堂,课后也同样不可或缺,课后要及时收集学生的反馈,并通过评教、调查问卷等形式,督查教学工作任务的落实情况,了解学生对其满意度。其次要重点推进一线督查。特别是对重要问题以及中央政策文件的落实情况采取重点督查,切实做到件件有着落、事事有回音。

2. 严抓专项检查，全面贯彻落实党的教育方针政策

我国高校在教育人、培养人、塑造人的过程中要积极行使职能，重视教师职责的履行、重视各部门效率的提高、重视各要素的投入产出比，为培养高素质的人才资源贡献出力量，因此高校需重视并加强思想政治教育育人政策的落实，严抓专项检查，让切实有效的检查成为全面贯彻落实党的育人方针政策的保障。严抓专项检查的重要性主要体现在以下三个方面：一是专项检查是实现决策目标的重要保证。强有力的专项检查可以保障思想政治教育的相关决策落到实处，进而为思想政治教育的发展贡献力量，否则政策落不到实处，所有的思想政治教育目标都将是空中楼阁，无法落地开花。开展专项督查，能够督促和推进党中央对于思想政治理论课教学要求的落实，有助于实现从上到下的各级目标。二是督促检查是完善修正决策的有效途径。实践是检验真理的唯一标准，自古以来，正确优良的决策，都来自扎实的实践。通过开展有效的监督检查，可以减少思想政治教育相关决策在实际执行中的各种问题，把决策变为桥梁，能够为下一步的决策提供重要途径和有效参考。三是落实检查是改进工作作风的重要措施。决策在执行过程中受到很多因素的影响，工作作风就是其中的一个重要原因。在实际工作中，我们经常会遇到互相踢皮球、不负责任、推诿扯皮的现象，这些问题从表面来看，似乎属于懒惰性问题，但归根到底可能是思想政治教育工作作风问题。在思想政治教育工作领域也要有求真务实、严格要求的工作作风。为了能使思想政治理论课成为真正意义上立德树人的关键课程，在思想政治教育工作运行的整个过程中，落实检查将发挥着重要的作用。

四、高校思想政治教育队伍的培育

教师的言行举止、知识储备、人格魅力等都无时无刻地影响着大学生的精神境界，因此，打造一支高素质的高校思想政治教育工作队伍就显得尤为必要。

（一）抓好思想政治理论课教师队伍

思想政治理论课教师主要承担着高校的思想政治理论必修课，这支队伍作为马克思主义理论的教育者，党的路线、纲领、方针、政策的传播者，社会主义意识形态与精神文明建设的宣讲者，他们的教育质量、教学水平、教师素质是否过硬，能否为大学生提供精神支撑，都将直接关系到高校思想政治教育的成败。

此外，还应加大师资培养资金支持，提高思政课教师的专业能力。

近年来，随着马克思主义理论人才需求的不断增长，本专业博士研究生的供

给远远不能满足社会需求,相邻或者相近专业博士研究生,甚至大量的硕士研究生进入了工作队伍。因此,一方面马克思主义理论与思想政治教育专业知识的培养教育提上了议事日程,另一方面教师队伍的学历层次提升以及教育教学技术技能的培训仍然是师资培养的重要内容。尽管地方政府和各高等院校也在不断加强师资培养的力度,但从总体上来讲,仍然需要从国家层面加大师资培养资金支持,从而不断提高思想政治理论课教师的专业发展能力。另外,应该积极支持和鼓励教师参加学术会议和学术交流。学术会议为广大思想政治理论课教师学习互动提供一个良好的平台,来自各地的学者们共同交流经验,分享成果,共同分析讨论解决问题的办法,从而推动学术研究的创新发展。

(二)优化高校辅导员队伍

辅导员是开展大学生思想政治教育的骨干力量,是高校学生日常思想政治教育和管理工作的组织者、实施者和指导者。辅导员的教师身份使其在工作中应当是管理与教育相结合的,既要对学生的日常行为进行管理,又要注重学生思想的提升,要给予学生精神支撑,让大学生把党的思想政治方针转化为自己的意识内核与行动纲领。

当前一段时期内,我们应该看到,辅导员队伍的整体素质和发展方向是好的,他们在大学生的精神动力方面做了大量工作。但是,有些高校的辅导员还不是很安心于自己的工作,他们很少或是没有时间和精力扎根于学生当中,疏忽了对学生思想上的关心,不知道学生都在想些什么,需要什么,又在追寻什么。具体到做学生工作时,囿于自身学科背景、理论基础不够扎实,仅凭感觉经验行事,这些都对大学生的精神动力产生了一定的影响。

为此,我们就需要进一步优化辅导员队伍,使这支队伍能够达到国家相应文件的要求,真正使辅导员成为大学生的人生导师,帮助学生树立正确的人生观、价值观,以形成精神动力源泉。高校在优化辅导员队伍方面担负着义不容辞的责任。首先,高校应把重视思想政治教育体现在辅导员队伍的建设上,为辅导员们创造良好的工作条件和工作环境,让他们都安心工作、爱岗敬业、一心扑在学生工作上。这样,辅导员就会思考如何为学生提供精神动力,从而更好地为培育大学生精神动力献出一己之力。其次,高校要建立辅导员的选拔、培训、考核、深造的用人机制,并使这四者有机统一,让更多有人文学科背景的年轻教师加入辅导员队伍中来,鼓励愿意干且会干的辅导员在职攻读硕士、博士学位,这对提升辅导员的自身素质也是大有裨益的。最后,加强辅导员的科学研究能力,成立辅导员单独立项，支持他们申报实证性研究，可以结合思想政治教育学科建设，也可以结合大学生思想政治教育工作实践。通过以上方式，让整个辅导员队伍的活力持续迸发。

五、高校思想政治教育育人体系建设

（一）全员育人的可行性

1. 工作目标的一致性

高校在育人目标的方向上是保持一致的，都体现了立德树人的根本导向，目的都是为培养德智体美劳全面发展的社会主义事业建设者和接班人服务的。具体而言，思想政治理论课作为直接面向大学生进行马克思主义理论教学的"第一课堂"，承担着传授系统性、专业化理论知识的学科教育任务，着力于增强青年学生的政治素养和国家认同，更好锻造他们认识世界、改造世界的能力和水平，培养起与我国经济社会发展相一致、人才发展需求相一致的良好思想品德。与此同时，日常思想政治教育的侧重点主要在于"第一课堂"之外如何担负起实践育人任务。类似于班级学风建设、党团活动开展、心理健康咨询、就业规划指导等，都是为了让青年更好地成长成才，解决学生的思想困惑问题以及现实问题。从中可以看出，要想实现青年的全面健康发展，离不开高校各方面的协同发力，且缺一不可，无论哪一个环节缺失、哪一个育人过程出现偏差，都会阻碍大学生思想政治育人目标的最终实现。

2. 教育过程的融通性

从课堂理论教学到课外活动实践、从线上"面对面"交流到线下人与人沟通、从虚拟慕课到现场教学、从日常渗透到具体领悟，大学生思想政治教育过程既包括知识技能的教授，也包括道德品质的培育。可以说，整个育人过程是一脉相承、环环相扣的，具有融通性和延续性。

高校各个部门共同分担着育人过程的具体环节和任务。先就课堂教学过程而言，主要是帮助大学生树立正确的认知，即正确的世界观、人生观、价值观，如此大学生方能在实践中尽量少走弯路，避免误入歧途。再就日常思想政治教育过程而言，强调通过活动建设、平台打造、学科竞赛等多种载体形式和合理育人途径，来贯通知与行、理论与实践之中的有机联系，进而帮助大学生在整个成长成才过程中更好地学思践悟。不论是高校思想政治理论课，还是日常思想政治教育，在育人过程中，都是互为渗透、相互影响。离开理论教学过程，实践活动开展就缺乏了理论指导这个重要前提，离开实践育人环节，理论讲授就会因变得抽象空洞而让人无法真学真懂真信。注重知与行的过程融通性，必须坚持理论和实践育人过程的交叉性、关联性和互补性，这是新时代思想政治教育应该强调的重要方法论。

3. 教育内容的衔接性

思想政治理论课更为强调理论灌输、意识形态教育、社会核心价值观培育、法治观念养成、历史知识学习等，涉及马克思主义思想观点、政治素养、道德品质方面的内容；日常思想政治教育则较为注重培养大学生良好的生活习惯、学习态度、实践能力等。但是，这两方面的教学内容是不能相互割裂开来的。一方面，理论是用来指导实践的，假如只注重理论讲授而忽视实践能力，那么思想政治理论课的实际意义与影响力必然大大削弱，理论学习不能学以致用势必让大学生对理论教育内容失去兴趣，甚至产生逆反心理。另一方面，理论失之毫厘，极易导致实践谬以千里，假如大学生日常活动的开展缺乏理论指导，也容易导致行动变得盲目而无所适从，就拿爱国来说，究竟怎样才是真正的爱国，这个更深层次的理论问题如果不弄清楚，大学生在具体的爱国活动中，一不小心就会变得偏激或盲从，有的甚至哪怕拥有爱国心却实际做出了伤害祖国之行为。

4. 工作方法的借鉴性

只要育人方法是从立德树人的根本任务出发，并科学合理，我们都应该大胆使用。随着信息技术的日新月异，青年大学生的知识接受渠道、信息传播途径都发生了较大变化，这就要求适时更新教学方法手段，用更加贴近学生日常生活的授课语言、授课方式来增强思想政治理论课的吸引力。反过来，日常思想政治教育也可以借鉴理论教书育人，注重传统讲授的一些方法，适当提高活动开展的思想性、理论性和学术性，同时这样有助于提高辅导员、高校管理队伍等在大学生心目中的老师形象，进一步当好学生的"良师益友"。

就现实情况而言，思想政治理论课本身较为突出"晓之以理，动之以情"的工作方法。比如，通过让大学生懂道理、通情理、知伦理、明事理，把知识传授与理论说服结合起来；通过故事讲解、语言渲染、画面呈现等，避免干巴巴说教。日常思想政治教育则本身较为侧重"教之以严、导之以行"的工作方法，由于大学生群体十分活跃，开展日常学术活动时，如果不严格要求、不强调纪律性，势必会使活动效果大打折扣。另外，诸如盲目消费攀比、网络游戏成瘾、刷夜看剧不眠等行为现象必须循循诱导，方能把学生言行引入正轨上来。需要强调的是，在育人过程中，遇到任何单一工作方法难以奏效的时候，必须合理学习效仿、正确有效引入"他山之石",才能使育人成效更明显,育人方法更科学。

(二)全员育人体系建设的路径

1. 着力加强科研育人

科学研究是高等院校五大职能之一,也是高校师生服务国家和地方经济社会发展的主要途径之一。当前要发挥高校科研育人的优势,一是要进一步弘扬高等院校"崇尚学术、追求卓越"的学术科研理想,不断激励广大师生科研报国、科研强国的爱国热情。二是要加强科研队伍建设,打造一批高水平的科研团队,打通科研与教学之间的盲点、难点,实现教学与科研之间的相互促进。三是要不断提升教师科学研究的能力与科研管理的水平,强化学术道德评价和科研诚信约束机制,用求是创新的科研精神和严谨踏实的科研态度引导和教育学生,不断鼓励和培养学生的科研意识与科研能力,实现在科研实践中用科研精神育人的目的。四是要加强科研合作,通过不断健全和完善校企合作、校地合作、校校合作以及国际合作交流机制,不断搭建育人的平台与产学研相结合的综合基地,为学生的成长成才提供更多的机会和更大的空间。五是要把问题导向和"以人民为中心"的价值引领,始终贯穿于科研项目的选题设计、立项研究、成果转化与应用的全过程,始终做到科学研究无国界,但科学家有祖国,不断培育和践行学生的人民科研立场。

2. 扎实推动实践育人

实践育人是马克思主义认识论的必然要求。具体来讲,就是做好如下工作:一是要坚持知行相统一、理论和实践相结合,不断增强实践育人的意识,深入推进实践教学改革,整合校内外资源,积极搭建实践育人的平台,努力打造实践育人精品项目,不断培育实践育人的品牌,让社会实践成为生动活泼、行之有效的教育教学形式,进一步凸显实践育人的价值。二是进一步加强创新创业教育实践,不断夯实实践育人的质量。青年学生精力充沛,思维敏捷,不因循守旧,创新创业意识强烈,因此要不断推进创新创业课程建设,鼓励和支持青年学生积极参与创新创业实践,通过"挑战杯""双创赛"等活动,教育和引导广大青年学生正确认识创新创业的艰难,收获创新创业的乐趣,坚定创新创业的意志,不断提升青年学生的实际工作能力。三是要积极鼓励学生参加暑期"三下乡"活动和青年志愿服务活动。只有深入农村社区、工矿企业才能全面了解中国社会的国情民意,才能深刻认识、正确评价党和国家提出的"脱贫攻坚""乡村振兴""西部开发""东北振兴"等战略方针政策的重大意义和现实价值,才能真正起到"受教育、长才干、作贡献"的作用和效果。

3. 深入推进文化育人

一是要强化对大学生的理想信念教育，积极培育和践行社会主义核心价值观，把社会主义核心价值体系融入教育教学的全过程，不断凝聚社会共识，提高广大学生的思想道德水平。二是要建好主阵地，唱响主旋律，牢牢掌握高校意识形态的领导权，防止各种错误思潮和西方敌对势力对我国高校的文化渗透。三是要大力弘扬和传承中华优秀传统文化。我国有上下五千年历史，积累和沉淀了浩瀚的传统文化的精华，实现文化育人就是要充分发挥文化在人才培养中的浸润与熏陶作用。

4. 创新推动网络育人

互联网为社会公众提供了生产、工作、生活的便捷，已经成为人们日常生活的一部分。同时，互联网也是教育教学的重要平台和主要阵地。互联网在造福人民生活的同时，带来了发展中的一些问题。网络空间生态是朗朗晴天，还是充满欺诈、恐怖、色情和暴力，事关群众利益与国家安全。青年学生是网络空间的主要人群，创新推动网络育人是各级各类学校应尽的责任。创新网络育人工作，具体来讲：一是要强化网络意识，统筹规划学校网络建设与网络管理，不断提高网络管理、网络使用与网络治理的能力与水平，形成良好的网络育人生态环境，使互联网成为弘扬社会主义核心价值观、传播社会正能量的工作平台和育人阵地。二是要创新推动网络人才培养工作，培养计算机、互联网信息、通信技术等方面的研发人员、运营人员与网络信息管理人员。三是要有组织地开展网上思想政治教育工作。鼓励专家、学者、教学名师、辅导员、班主任积极参与网络育人，提升广大学生的网络文化素养，培养一批网络思想政治教育的精品项目。四是要通过开展红色文化资源数据库建设与优秀文化遗产数字化抢救与保护，弘扬和传播中华优秀传统文化与社会主义先进文化。五是要进一步加强智慧校园建设与高校融媒体建设，为高校人才培养提供更为完善的信息化平台支持。

5. 大力促进心理育人

个体健康包括了生理健康和心理健康。现代社会随着运行速度的加快，社会生活的不确定性越来越明显，再加上激烈的竞争所造成的工作、生活、学习上的压力，会使得社会成员在不同程度上产生一定的紧张心理，如果这种紧张心理不能被很好地缓解，就会使极少数个体出现心理上的过度焦虑、抑郁，甚至是心理错乱与变态的情况。在高校的育人过程中，也时常会出现极少数的个体心理出现不正常的情况。因此，要把育人、育德和育心相结合，不断提高大学生的身心健康水平。在高等院校大力促进心理育人,一方面是要把心理健康纳入课程教学体系,实现心理健康知识教育的全面覆盖,使每个学生掌握必要的心理知识,具备一定自我心理调节能力。二是要加强心理教育的师资队伍建设,并根据学生数量的多少,配备一定数量的心理健康教育专业教师,定期对学生开展心理教育讲座和专业的心理咨询服务活动。三是要建立高校大学生心理预防体系,通过对学生的入学心理筛查,有针对性地开展心理卫生健康教育和心理咨询服务活动。四是开展心理治疗,形成科学的心理干预机制。对单亲家庭子女、贫困家庭子女、肢体残疾等特殊学生群体开展针对性的心理辅导服务,帮助他们增强克服困难的信心和勇气。同时,针对有一定心理阴影或心理疾病的学生积极进行心理干预,鼓励他们及时接受专业的心理治疗和必要的医学治疗。五是把心理教育与德育、美育、体育和文娱活动紧密结合起来,通过健康有益、形式多样的教育教学及文化体育娱乐活动,帮助受教育者缓解紧张心理,养成积极乐观、奋发向上的人生态度。

6. 切实强化管理育人

当前,我国高等教育正处于数量增长向质量提升的关键阶段,依法加强对学校的科学管理对我国高等教育高质量发展具有重要的意义。在推进学校管理科学化、制度化的同时,强化学校管理育人的功能。一是要做到管理服务师生、管理尊重学术、管理依法进行,不断提升管理服务水平,通过人性化管理提升育人的效能。二是要健全管理育人的制度体系,严把教师的入口关、考核关和人才引进关,加大对违反党纪国法、违反师德师风和学术不端行为的查处力度,把育人功能纳入考核范围,将管理育人的软指标变为硬约束,杜绝产生管理育人的负面效应。三是按照好干部的标准选人用人,选优配强各级领导班子,把能干事、想干事的教学科研骨干分子选拔到领导岗位上,发挥干部管理的导向功能,形成风清气正的育人环境。四是为学生提供一定的志愿服务、勤工俭学、实习实践等管理岗位,在言传身教、潜移默化中提升学生的自我约束与自我管理能力,增强育人的协调性。五是开展多种途径的奖优评先活动,大力开展师德师风方面的宣传,通过培育和设立"黄大年"式的教学科研团队、"共产党员先锋模范岗"以及"管理育人示范岗",充分发挥先锋模范人物的示范带动作用,用他们的实际行动教育和引导学生树立正确的人生观、价值观。

7. 不断深化服务育人

服务育人就是在不断提高服务质量的过程中,融入育人的元素,让人感受服务的温暖,体验劳动的价值,明白做人做事的道理。不断深化服务育人,就是要充分发挥学校后勤保障、图书资料、医疗卫生、安全保卫等服务性部门单位的育人功能。通过供给侧改革，向学生提供针对性的暖心服务，在关心人、帮助人、服务人，为他人解决实际问题和切实困难的过程中实现教育人、引导人的功能。不断深化服务育人，一是要明确梳理各级各类服务岗位的育人职责与育人功能。通过育人效果评价，确定服务岗位的效能。二是通过提升服务能力，增强服务供给水平，优化服务流程，让师生在学科建设、课堂教学、科研申报、财务报销、出国留学、后勤服务、实验实习、档案管理等各项活动服务中，体验和感受服务的及时、专业与高效，温暖、贴心与尊重。三是积极鼓励学生参加一定的公益服务岗，培养学生的服务意识和服务精神，养成热爱劳动，乐群好生的健康心理与习惯。

8. 全面推进资助育人

由于发展的不平衡、不充分，部分地区尤其是中西部地区的个别地方，还存在着大部分家庭经济比较困难的情况，部分孩子的上学费用仍然是其家庭沉重的负担。因此，全面推进资助育人，一是要加强学生资助工作的顶层设计，健全和完善国家资助、学校奖助、社会捐助、个人资助的可持续发展资助体系，不断完善和规范资助管理制度，确保资助资金精准到人。二是在"扶贫救困"的同时，"扶智""扶志"，构建物质帮助与道德浸润、能力拓展、晋升激励相结合的长效资助育人机制，着力培养学生的自尊心、自立心、感恩心和艰苦奋斗的精神。三是要做好大学生勤工助学工作的设置与管理，鼓励大学生积极参与学校的助研、助教、助管及辅导员工作岗位，引导学生通过校园服务，获得帮助，并通过教学科研和管理实践培养兴趣、开阔视野，提升工作能力。四是积极筹措社会资金，通过社会捐助和设立奖学基金，帮助困难家庭孩子解围脱困、完成学业，助力其实现人生梦想，为国家培养更多的有用人才。

9. 积极优化组织育人

强化高校党建引领作用，把党的组织建设与高校的育人工作相结合，通过发挥广大师生员工的党员先锋模范作用，提高人才培养的质量与水平。积极优化组织育人，一是要明确党委领导下的校长负责制，推动学校各级党组织自觉担负起管党治党、办学治校、育人育才的主体作用，充分发挥党在人才培养中的组织保障功能。二是加强党对高校意识形态工作的领导，不断提高思想政治教育的实效性。三是通过开展党支部书记"双带头人"培育工程、高校基层党建"对标争先"计划以及党的基层组织标准化建设等活动，引导广大党员干部在组织育人中发挥先锋模范作用。四是通过党的组织建设，发挥工会、妇联、共青团以及学生会的育人纽带作用，在党的领导下形成各级各类群团组织协同育人的合力。

第三章　思想政治视域下大学生网络素养的培育

本章内容为思想政治视域下大学生网络素养的培育，从三个方面进行分析，分别是大学生网络素养的概述、大学生网络素养的现状以及思想政治视域下大学生网络素养培育的途径。

第一节　大学生网络素养的概述

一、网络素养概述

（一）网络素养的内涵

首先，网络素养指的是人们习得网络知识、准确掌握网络功能和有效利用网络的一种能力，这一能力主要体现在用户利用网络进行工作学习和沟通交往过程中所习得的知识与技巧。如人在成长过程中需要具备认字识字、阅读文章和书写文件等能力相同，网络素养是顺应现代社会时代发展人们所应具备的基础能力，也是现代化生活中人们必须具备的生存技能。

其次，网络素养指的是人们可以准确甄别网络信息和规范网络行为，有效地进行网络操作和网络信息处理的能力。网络素养不仅包括基本的网络知识学习、网络技能操作和网络信息接收的能力，还包括网络信息甄别和筛选能力、网络认知能力、网络资源利用能力、网络信息处理能力和网络行为能力等。此外，怎样提高获取正确网络信息能力，如何利用网络沟通交流，如何传递个人思想观念，这些隐性能力也应包含在网络素养之中。

最后，网络素养指的是网络观念、意识形态和精神上的升华。人们在网络使用过程中不断出现安全、道德、犯罪和伦理等方面的问题，这使我们更深层次地认识到网络素养不仅仅是人们所具备的一种能力，也应是思想意识形态和精神境界层面的提升。

因此，网络素养是一个由信息技术、思想意识、文化积淀和心智能力有机结合的综合能力体系。

（二）网络素养的理论基础

1. 媒介素养理论

美国的媒介素养研究机构针对媒介素养理论制定了准则，提出媒介素养大致涵盖了针对媒介信息的认知技能、筛选技能、辨析技能、评估技能、思维的反应技能及创造技能。

在网络时代，受众的媒介素养需要提高，在面对海量信息时，人们不得不对信息加以选择，根据自己的实际需要，有意识地主动对信息进行利用，进而传播和创作有意义的信息。高校学生的综合素养包含着网络素养的内容，媒介素养理论为高校学生网络素养的培养提供了理论基础。高校学生必须具备对网络信息的理解能力、选择分辨能力、评价运用能力等，唯有如此，才能实现其综合素养的提高。

2. 马克思主义关于人的全面发展理论

马克思主义关于人的全面发展理论是指以人的能力为核心的包括道德素质、审美情趣等的全面性、普遍性的发展。人的能力的全面发展包括人的体力与智力、个体能力与集体能力、潜隐力与现实力等得到全面的发展。如此，人就可以以一种全面的方式，占有自己的全面的本质。这意味着大学生要不断提高自身的能力和素养，以满足个人、他人以及国家社会发展的需要，最终才能达到最大限度的自我实现和全面发展。

网络素养教育同思想政治教育的目的是一样的，都是为了促进人的全面发展而开展的教育，网络素养教育也体现了思想政治教育在新时代背景下对人的培养目标的新的需求，也给当前推动思想政治教育的实效性和促进人的全面发展带来了新的挑战。时移世易，事因于世而备适于事，应对这些挑战，需要让大学生的教育培养对接媒体融合发展的现实需求，助力大学生德智体美全面发展，擅于运用媒体融合发展的优势和成果引导、帮助学生在教育实践中习得适应和推动社会发展的知识技能，以塑造新时代高素质的青年。

3. 思想政治教育载体论

网络背景下思想政治教育的载体形式和教育方式都发生了变化，网络媒介成为思政教育新的重要载体，网络素养教育是思政教育的新的领域和要求。在思想政治教育学科科学化的论证阶段，已经有大量的研究者注意到媒介对于思想政治教育的作用。随着我国信息化水平的提高，一些学者开始从信息论的角度探究思想政治教育。大学生接收到的来自家庭、学校和社会环境的信息对他们产生影响，他们接收信息具有感觉敏锐、追新求异、识别力差和可塑性强等特点，加强大学生思想政治教育要重视接收大学生的反馈信息并实现信息控制，改造、净化社会信息源。

网络素养教育与思想政治教育有着千丝万缕的联系，从二者的发展过程和教育目标来说，网络素养教育就是思想政治教育时代化的内在要求。

4. 和谐社会理论

和谐社会作为一个广义的范围，包含社会关系和人与自然的和谐，构建社会主义和谐社会是全面建设小康社会的重要内容，是构建经济发展、社会和谐、民主健全、文化繁荣、生活殷实的系统工程。

在社会转型期的今天，人们往往关注贫富差距、东西部发展差距，但是却容易忽略知识的差距，即"知识沟"的问题。假如人们获取信息存在不公平与不均等，就会造成发展差距越拉越大，即"知识沟"的拉大，从而导致社会不公平的现象越发严重。媒体资源能提供大量的精神财富，但是，差别巨大的网络素养势必造成精神财富获取的差距。

随着互联网和其他新产业的兴起和普及，人们已然进入信息时代。在所谓的"拟态环境"中，由于获取信息的方式多样化，一些不良信息，诸如色情、暴力、诈骗、反动信息并不能有效管理，加之各种虚假信息的传播，不仅会影响学生的思想，增加犯罪率，还会令人们对外界产生不安全感，对社会不信任。近年来，越来越多的网络犯罪见诸报端，其中不乏相当比例的高校学生犯罪案例，这不得不让我们思考网络环境下道德素养建设的缺失。因此，作为高校学生，更要时刻保持清醒，提高对网络媒介的认识，辨识媒介信息，自觉抵制不良信息的影响，提高自身的网络素养。

在过去，我国网络素养教育相比于学生的社会应变能力培养，更多地侧重对传统价值的基础知识和技能的培养，这使得我国学生群体在巨大的网络信息面前缺乏应对能力。所以，这种改变势在必行，要想促进社会的公平与正义必须进行更加充分的网络素养教育，让人们获得和利用公平的网络信息。随着现代教育的发展与不断深入，网络素养教育的发展不仅能够促进现代教育的发展，也为人类社会化的发展奠定基础，这有利于形成良性的发展机制，促进和谐社会的发展及构建。

二、大学生网络素养

（一）大学生网络素养的概念

大学生群体作为社会的一部分，有其自身的特殊性。首先，大学生使用网络比较频繁，例如大学生的日常生活和很多大学课程的学习都需要通过网络才能完成。其次，大学生思想单纯，可塑性强。处在青春期的大学生涉世未深，若受网络上主流传统文化的熏陶会成为一个充满正能量的人，而受到网络的不良思潮影响很大程度上会影响其形成正确的三观。

大学生网络素养的概念是从网络素养的概念中剥离出来的，就是将对象具体化，以当代大学生群体为指定对象。对于伴随互联网发展而长大的大学生来说，其生活与互联网的融合度很高，但其心智尚未成熟。大学生的网络认知比较前卫，网络操作十分灵活并具有创新意识，但其网络自我约束能力、网络安全意识、网络道德与法律、良性网络生态建设责任感较为缺失，如沉迷网络游戏、深陷网络贷款、参与人肉搜索和人身攻击等，损害自身利益侵害他人权益的网络行为时有发生。

因此，我们将大学生网络素养定义为：大学生在掌握网络相关技术知识的基础上，可以合理利用网络为自身服务的一种能力，在这过程中产生的与网络相互作用的综合素养。这种综合能力不仅局限于在网络空间中搜索获取信息、操作信息满足自身需求、向其他网民群体传播信息的能力，更重要的是大学生能够做到自主思考，不要被网络所牵制，在网络生活中有较强的安全意识、法律规范意识、道德意识和良性网络生态建设的责任心。换而言之，大学生网络素养应该是大学生对网络有着较为全面的认知和了解的基础上，将网络作为工具，辅助解决问题和提升自我的能力。大学生网络素养是大学生在网络社会中生存所必备的个人素养，是其独立提升自身能力、全面发展的基础。

（二）大学生网络素养的内容

1. 大学生网络知识素养

大学生网络素养具有两层含义，狭义上是指大学生"网络知识"的素养，广义上除了指大学生"网络知识"的素养，还应包括大学生对不断提高自己各方面科学文化知识和学习知识的态度。大学生具有较高的网络知识素养主要体现在其对网络知识各方面的理解、把握与应用能够满足、支撑其在网络时代的学习、实践和生活，为以后参加工作打下扎实的基础。

大学生是否具有较高的网络知识素养，不仅关系到其自身的发展与成就，而且是提高我国国际竞争力、实现社会主义现代化强国所必需的战略条件。国际经济、文化的竞争，说到底是人才的竞争，祖国的命运，归根结底都包含在每一个人自身的奋斗之中。

2. 大学生网络法律素养

法律素养是指公民认识法律知识的能力以及认识法律意义的素质，网络法律素养即网络主体在网络空间中对于法律知识、法律价值的认识和所表现出来的法律素质，主要包括法律知识、法律意识和法律信仰三大块内容。以大学生为主要网络主体为例对其定义加以具体阐释。首先，大学生在进行网络活动过程中，对于网络法律知识的掌握程度，包括是否了解现行法律体系和相关规定。例如，《中华人民共和国网络安全法》是促进我国网络健康发展的基本法，新时代大学生应当对其基本内容和比较全面的了解。其次，对于网络法律意识和法治观念的自我提升和自我省察，在网络空间中是否具备学法、守法和遵法的意识，是否心怀法律权威，自觉对自我网络活动中的行为和言论进行有效约束。最后，尊重法律权威，坚定信仰，心存敬畏，树立网络法律至上的网络活动原则，这是网络法律文明素养的最高阶段。

大学生网络法律素养是大学生网络素养培育体系中重要组成内容和坚实保障，也是国家网络发展速度和公众网络文明程度的重要标志，更是弘扬社会主义依法治国重大战略的坚韧利器。

3. 大学生网络政治素养

网络政治是指公众以网络为媒介，在网络空间中自主探索和挖掘，对现实政治现象、政治事实、政治过程进行观察，形成自我的观点，是现实政治在网络空间中的进一步展开和延伸。网络有效地扩大了公众特别是大学生政治参与、政治评议的广度和深度，他们是网络的"土著一代"，因此，大学生更愿意在网上寻求答案，对社会现象和政治事件进行自主的社会观察。当大学生对于国家出台的规定或措施有意见时，网络是他们表达政治诉求和愿望的重要渠道，甚至是首要渠道。

网络政治素养是以网络政治为基础，是公众在网络空间中形成政治情感、政治认知和政治态度，以及在网络空间中的个人言行展现出的品质，重点在于实现社会主义核心价值体系的内化与外显，形成公众有序的政治参与、较高的政治认同和理性的组织理念。培育大学生网络政治素养是我国扩大政治参与渠道、构建社会主义政治文明的必要举措。

大学时期，是养成网络政治文明素养的关键时期。新时代，培育大学生健康、理性的网络政治文明素养，是占领网络时代主旋律阵地、构建社会主义和谐社会的重要保证，也是彰显社会主义核心价值体系的应有之义。

4. 大学生网络道德素养

大学生网络道德素养是指大学生在使用网络时言行方面的表现是否符合人们行为的准则和规范。道德是人类社会特有的现象，是一种社会意识形态。具有较高网络道德素养的大学生体现在其能够按照社会舆论、风俗习惯和内心信念来自觉规范自身网络行为，具备为维护正常的网络公共秩序而遵守公共道德准则的素养和能力，以符合社会主义核心价值观的道德面貌服务于社会主义现代化建设，成为一名有益于祖国、有益于人民的德才兼备的人。

道德贯穿人生，道德是人生"必修课"。在现代社会，网络传播环境对大学生的思想品德和思想政治教育的影响越来越大，需要引起高度重视，网络的虚拟性，在一定程度上削弱了来自社会道德和国家法律的约束力，使得一些大学生存在着网络道德缺失的现象。

5. 大学生网络安全素养

大学生网络安全素养是指大学生的网络安全意识水平、网络安全知识的掌握程度、一般网络风险识别与防御的能力。具有较高网络安全素养的大学生表现在大学生能及时、合理地处理遇到的网络安全方面的问题，保护自身思想、生命、财产、个人资料信息不受侵害，远离安全隐患的能力。

（三）大学生网络素养培育的作用

1. 规范大学生网络行为，培育新型网民

大学生网络素养培育有助于提高大学生网络活动的规范性。无规矩，不成方圆。必须对大学生进行网络文明素养的培育，在意识上敲响网络活动可为不可为的警钟，明确大学生在网络活动中的责任和义务，规范网络活动中的个体行为，落实个体行为追责制，让大学生将网络素养内化于心，外化于行，形成思维惯性，以有序规范的行为准则指导实际的网络活动。

大学生网络素养培育有助于提高大学生网络活动的自律性。在现实生活中，自律的能力不可估量，它体现的是个体的自我省察、自我管理和自我约束的能力。在网络空间中，看似个体的真实身份被隐藏、个体网络活动无痕无迹，因此网络诈骗、网络借贷、网络暴力等网络事件屡见不鲜。这其中或许存在网络主体占便宜的侥幸心理，也有"法不责众"的社会暗示，严重影响着网络空间中的个人诚信和自律。

大学生网络素养的培育有助于提高大学生网络活动的进步性。发展的本质在于事物不断实现自身的扬弃向着更高层次不断进步。通过对大学生网络素养的培育，尽可能地规避大学生在网络空间中可能出现的不文明不健康的意识和行为，使大学生以先进的行为指导网络意识上的进步，以先进的意识反作用于网络行为上的规范和自律，使其自身具备网络空间知行合一的进步性。

2. 提升思想政治教育的时代特性

大学生网络素养培育可以说也是思想政治教育的一部分，它做的是大学生这个群体的工作，而大学生人际交往具有鲜明的时代性，因此在对大学生进行网络素养培育的过程中，就必须关注大学生在如今网络社会中表现出的行为以及思想特征，从而思考大学生网络素养培育乃至思想政治教育应侧重的方向。在新时代背景下加强网络素养培育，不仅把思想政治工作贯穿教育教学全过程，而且满足了思想政治教育的时代要求，及时顺应教育新环境，丰富教育新内容，有利于使思想政治教育达到更好的成效。

3. 促进网络主体、网络资源和网络环境的良性循环发展

网络文明建设始终围绕着网络主体、网络资源和网络环境三者的相互关系展开，对网民进行网络文明素养的培育，从源头上树立健康和谐的网络文明素养，使得网络资源能够及时、正确、有效地在网络环境中发挥最大效益；营造风清气正的网络环境，汇聚每个大学生网民的微小力量，对绿色有序的网络环境形成强有力的保护和净化力量。网络资源以信息、数据等形式呈现在网络环境中，网络资源质量的好坏直接决定着网络环境的"空气清新指数"。同时，网络资源以资讯、概念等形式进入大学生网民视线，对大学生网民的知识架构、知识储备必然产生冲击，影响着大学生将资讯转化为知识、将知识转化为能力、将能力转化为智慧的全过程。而网络环境则是网民和网络资源的"守卫者"，网络环境的好坏直接影响着网民的正常活动和网络资源的有效传播。因此，这三者相互联系、相互依存，而网络文明素养的培育直接影响着三者的良性循环发展。

4. 促进网络文明建设，形成网络文明新风尚

当前形势，国家现代化建设离不开网络信息技术的建设和发展，建设健康和谐的网络文明是我国现代化建设的应有之义，而新时代对大学生网络素养的培育则是构建健康和谐的网络文明的重要环节。当前大学生在网络时代的好奇心重、探索能力强，大学生的网络文明素养培育程度在一定程度上也决定着国家网络事业的发展。具体来说，大学生作为网络活动的重要参与者，网络中大小事都可能

引起他们的关注和探索，形成舆论导向和讨论热点。但他们同时缺乏一定的辨别网络是非善恶的能力和意识，容易被网络中不良不实信息所迷惑，甚至掉入陷阱。因此，大学生网络素养的培育有助于提高大学生识别网络是非善恶，授之其网络空间中媒介、政治、法律、道德、精神和生态等方面的文明素养武器，指导自我的网络行为，为大学生健康运用网络信息、共享网络资源、实现网络交往和技术实践保驾护航。

三、大学生网络素养与思想政治教育

（一）思想政治教育为大学生网络素养提供理论遵循

思想政治教育为大学生网络素养培育提供指导，网络素养培育是思想政治教育的重要组成部分。提升大学生网络素养的目的与根本宗旨，就是要用思想政治教育方法论，向大学生灌输马克思主义基本理论，并引导他们确立坚定不移的正确政治方向，主动积极、健康向上的思想观念和政治观点，确保中国特色社会主义事业不断前进。

对思想政治教育理论全面、系统、辩证地理解，包含了对中国特色社会主义理论的理解。大学生网络素养的研究，不仅丰富了思想政治教育理论，也是着眼于当前社会形势及经济的不断发展而发展的，是针对新问题并解决新问题的。所以，在马克思主义指引下，将大学生思想政治教育与大学生网络素养培育融合时，必须坚持以习近平新时代中国特色社会主义思想为指导，并使思想政治教育理论真正成为中国教育学科建设与发展的强大思想武器和坚实的理论基础。

（二）大学生网络素养是新时代思想政治教育的重要内容

构建并不断完善发展新时代中国特色的思想政治教育理论体系，就必须自始至终坚定不移地以马克思主义理论为指导，必须对马克思主义理论有深入的理解，必须深刻地认识到马克思主义不是死板的教条，而是一种不断开拓进取、与时俱进的学说。

马克思主义已有一百多年历史，虽然经历了起伏跌宕的历程，但是至今对世界仍有强大而深刻的影响。马克思主义之所以具有如此的影响，其原因有三个方面：一是在于马克思主义所体现的顽强的理论生命力，例如唯物论、辩证法及其新时代的创新与发展；二是在于马克思主义理论所蕴含的积极正向的价值观，例如反对压迫剥削、推进自由平等、解放全人类、实现人的全面发展；三是在于马克思主义理论所贯穿的彻底的批判精神,例如其对自身理论不断地反省和发展。

自互联网在我国发展以来,对当代大学生的思想认识、行为习惯都产生了深远的影响,使思想政治教育工作迎来了挑战与机遇。大学生思想政治教育必须适应社会发展进程,不断探索、丰富和充实思想教育、政治教育、道德教育、法律教育等内容,加强网络道德素养教育、网络法律素养教育、网络政治素养教育等,以促进大学生的全面发展。网络所引发的思想观点、道德观念、价值体系及心理层面的矛盾与冲突,需要在习近平新时代中国特色社会主义思想指导下予以纠正和解决。

第二节 大学生网络素养的现状

一、大学生网络素养存在的问题

(一)网络信息处理能力欠缺

当前网络世界正处于信息井喷状态,人们生活在信息高速更新、海量信息的网络纷繁世界,考验着网络主体的信息处理能力。

首先,大学生对网络信息批判意识不足。大学生对网络信息的理解缺乏深入的辨别和考量,对互联网内容的评估意识缺乏。对于网络信息的认知停留在较为浅显的层面,对其判断是一种直观的表面判断,缺乏深入思考,对于网络信息批判存在着盲目性,深刻体现着其网络素养的不足。相对于传统媒介,互联网的资源和信息量极大,而且取阅方便,信息及时。然而,网络中繁杂的信息良莠不齐,鱼龙混杂,信息的检索、筛选及甄别需要花费大量时间,在此过程中,极易产生"信息迷航",从而产生筛选信息的困难。此外,网络信息各种观点不一,甚至同一事物出现两种截然对立的观点,高校大学生在缺乏信息批判意识的情形下,对网络的依赖会使得其失去独立思考的能力,进而产生对信息的误读。总之,高校大学生对于网络信息批判意识的欠缺,是当前其网络素养存在的突出问题。这一问题也会给大学生获取信息、利用信息带来极大的困扰。

其次,大学生对网络空间中有效信息缺乏萃取能力,在海量信息的网络空间中无法集中注意力,对于网络中出现的或真或假的信息缺乏专注心和钻研心去识别和筛选。他们盲目选取阅览信息,缺乏对信息选择、提取、反馈的处理过程,往往只是粗略阅读，匆忙思考，无法站在理性客观的角度去分析和思辨，最终只能获得肤浅的学习效果。同时，大学生对网络空间中的个人信息缺乏保护意识，在网络活动中被动地接受网络信息，忽略个人信息在网络空间中的价值，在涉及人身、财产安全的活动中缺乏警惕、防护之心，从而被网络不法分子利用，导致个人信息和个人隐私的泄露。

（二）网络依赖程度较高

1. 网络"云端"过度依赖

随着网络和智能手机的普及，网络成为大学生的"第二大脑"，一些需要记忆的内容直接保存在"云端"，当他们需要的时候再调取查看。这种网络云端的过度依赖一方面影响了大学生自身知识体系的构建，另一方面使大学生大脑记忆功能弱化，造成自身记忆力减退。

2. 网络内容过度依赖

一是网络信息的便捷性能让大学生即时得到满足，几乎所有需要的信息都可以上网查找。二是网络信息的海量沉积能最大限度地满足广大用户。中国网页数量庞大，能满足有各种不同需求的人，网络内容日新月异，生活节奏变快，致使便捷的网络资源成为大学生获取信息的重要来源。例如部分大学生网民甚至没有耐心去读完一本书，只是在网上搜一下书评匆匆浏览一番权当看过此书。

3. 网络应用过度依赖

网络应用过度依赖体现在以下几个方面：一是网络游戏成瘾，没日没夜玩游戏；二是网络社交依赖，网上无话不谈，网下无话可谈；三是网络购物依赖，不网购就难受、收不到快递就烦躁等；四是网络搜索依赖，有问题就上网搜索查资料，甚至生病不是去医院检查，而是上网搜索病因和治疗方法。

（三）网络伦理道德失范问题

首先，大学生互联网道德品质存在缺陷。其次，大学生对于互联网的自我监督水平及道德素养均有待提升。伴随着中国高等教育领域的高速进步，各类基本设施建设的加快，网络早就在高校广泛使用，校园图书馆、互联网机房、大学生宿舍等都可以方便地浏览网页，大学生的上网时间和空间更加自由，而且上网的私密性更强。此外，较为宽松的网络环境使得各种不良信息充斥，反动言论、色情信息等变得更加不容易控制。由此可见高校大学生的网络自律能力及道德修养尚需提高。反映出高校大学生存在一定的网络素养问题。最后，高校大学生具备较好的网络媒介伦理规范，基本上能够尊重他人隐私和劳动成果，对于自身和他人都具有一定的道德意识。然而存在一些大学生缺乏互联网媒介理念，自身监督水平较低，抄袭信息情况在学校里经常出现，甚至还存在学术抄袭现象。反映出高校大学生的诚信水平有待提升，网络伦理道德水平亟须改善。

（四）网络媒介的理解和运用能力缺失

当前，高校大学生能够熟悉电脑及网络原理，能够娴熟操作软件，具备基本的网络安全意识，基本网络知识和技术掌握较好。但是，对于网络信息中能够广泛地介绍前言学术及其他知识的英文资料和外文期刊数据信息的搜索技能较为欠缺，在网络数据的搜索中，绝大多数大学生都使用"关键词""主题词""标题""日期"以及"作者"等基本搜索形式来利用网络，而一些其他的高级功能则使用不多，这些问题恰恰反映了高校大学生网络媒介的理解及运用能力存在一定欠缺。

（五）网络心理有待健全

大学生网络心理出现偏差，首先表现在消极负面的网络信息造成大学生思想混乱，在个人价值观还未完全成熟的阶段，受到不良信息的侵蚀，世界观、人生观和价值观随波逐流，立场和意志发生偏转。其次，表现在大学生沉迷网络社交，将网络社交平台视为现实社交受挫的"疗伤地""安乐窝"，在平台上寻求安慰和认同。而在大学生网络关注点、兴趣爱好大同小异的情况下，他们很容易找到"志同道合"的网友，在社交中，心理认知极易被同化，在日积月累中影响个人性格、思维和情绪。最后，表现在大学生正常人际交往能力的缺失。大学生几乎时时刻刻保持社交软件处于"在线"状态，这在一定程度上便于朋友间的联系，但是靠网线或是Wi-Fi来维系的人际交往也导致大学生在现实世界中人际交往的缺失，忽视亲情，害怕当面当众表达情感，甚至对社交产生害怕恐惧心理，逃避现实社会，这或对大学生的心理状态和行为能力都产生不良影响。

（六）网络法律素养不高

大学生是网民群体中知识和能力较高的一个群体，应该发挥其中流砥柱的作用，可是现实情况却不尽如人意。当前大学生网络素养普遍不高，主要表现在以下两个方面。

第一，网络法律意识淡薄、法律知识储备不足。一方面，许多大学生不清楚法律的边界在哪，什么能做什么不能做，甚至于犯了法却不知道，等进了牢才懂，例如有的大学生在现实中循规蹈矩，认为网络是法外之地，在网络中却肆意妄为。

由于法律意识淡薄以身试法,给自身带来了无法磨灭的人生污点。另一方面,大学生自己被侵犯了却无动于衷,没有意识到应该用法律的武器保护自己,导致犯罪者继续胆大狂妄,危害社会。

第二,学习法律动力不足。大学生大都能意识到法律的重要性,但是没有行动起来去学习法律知识。内因是决定事物的主要因素,当学习没有了内生动力,即使进行灌输教育也会"左耳朵进,右耳朵出",从而收效甚微。当学习没有效果,反过来又对学习的动力和积极性产生消极影响。

二、大学生网络素养存在问题的原因

(一)政府对大学生网络素养培育环境的引领有待加强

大学生网络素养培育环境不够完善,与大学生网络素养培育的环境要素即社会环境有关,社会环境对大学生网络素养培育会产生一定的影响。当前良好的网络文化氛围尚未形成,大学生网络素养培育的环境有待加强监管,大学生网络素养培育的保障体系不健全,网络治理政策制度不完善。

良好的网络文化氛围是确保培育效果的关键,是促使大学生自主提升其网络素养的必要条件,但当前良好的网络文化氛围尚未形成。一方面,基于目前发达的网络信息技术,"地球村"逐渐形成,人们与世界的联系越发紧密,网络文化越来越多样化。大学生本身对新鲜事物就充满好奇,这种情况下很容易受到西方文化潜移默化的影响,而且一些西方国家主动利用网络渗透其意识形态和价值观念,使得大学生正确价值观念的形成受到了负面影响。另一方面,目前网络大众文化传播的内容趋向于娱乐化、功利化,并没有较好的弘扬中国特色社会主义主旋律、积极主动传播正能量,这也对大学生形成正确的价值观念造成了一定影响。这些现象均反映出目前良好的网络文化氛围还未形成,大学生网络素养的培育环境需要继续完善。

首先,大学生网络素养培育的环境有待加强监管。网络上传播的信息内容丰富多彩,打开搜索引擎,输入想了解的信息,全球的内容都可以展现在我们面前,文字的、语音的、视频的,应有尽有。这些网络信息在帮助大学生学习、生活的同时也存在着很大的隐患,大学生在积极获取有用的网络信息的同时,也将自己置身于信息繁杂的网络世界中,如此繁杂的网络信息其中难免存在一些不良信息、甚至是反动信息。这些网络信息如果监管不到位,处理不及时,长此以往,一定会影响大学生的身心健康和思想观念,甚至会诱导大学生参与一些不良网络实践活动，导致大学生自律意识、自我约束能力愈发下降。因此，对网络环境的有效监管是完善大学生网络素养培育环境的基础，是为大学生营造良好的学习、生活环境的必要条件。

其次，大学生网络素养培育的保障体系不健全。大学生彼此间的网络素养水平是存在高低差异的，而且网络时代发展日新月异，网络素养培育不仅要满足大学生的成长要求，还要满足网络以及时代发展的要求，导致网络素养培育工作难度增大。面对大学生网络素养培育这样一个复杂且系统的工程，如若没有政府和社会的支持，仅靠高校的自我探索自主研究和大学生的自我完善，并不会达到很好的培育效果。健全大学生网络素养培育的保障体系、应给予政策和资金支持，只有这样，才能使大学生网络素养培育有条理有动力，才能全面提升大学生的网络素养。因此大学生网络素养培育工作的顺利开展，需要健全的保障体系的支撑。

最后，网络治理政策、制度不完善。一方面，网络相关法律政策有待完善。目前我国网络法律法规日趋成熟，出台了多项关于网络治理方面的政策性文件，采取了一些有力措施，但未形成完整的法律政策体系。现行的网络法规涉猎内容较为狭窄，依旧落后于网络技术的发展，并不能满足当前网络发展需要。网络不良信息屡禁不止，网络违法犯罪屡见不鲜，网络的立法形式更多的存在于现实世界，现行法律法规并不能满足大学生网络保护的需要，网络法律法规在某种程度具有滞后性。另一方面，网络治理制度缺乏统筹性。网络自媒体作为一种新兴的媒介，近年来发展势头迅猛，国家没有形成自媒体平台审核标准的政策性文件，政府对于自媒体平台的审核制度还不够完整，不能保证自媒体平台信息的健康安全和信息的严谨性。对于网络舆情没有充分认识，工作不能与舆论事情相结合，存在多头管理、职能交叉、权责不一、效率不高等网络管理体制问题。面对突发网络事件，政府没有形成系统性的解决流程，政府新闻界不能按章第一时间发表声明，引导正确舆论，果断处理网络意识形态侵犯问题。

（二）高校网络素养教育缺失

高校对大学生网络行为规范的监管以及教育学生更好地利用网络资源获取信息的功能缺失是大学生网络素养缺失的重要因素。高校对大学生的监管教育作用不言而喻，但当前高校相较于对大学生网络生活和行为监督管理的关注要远远低于对学生线下行为规范的约束，只有线下和线上的大学生行为整合统一起来，才能完整体现素质教育的全面性。

1. 忽视大学生的网络行为规范教育

青年大学生作为网络世界参与的主力军,对目前我国针对"网络暴力""人肉搜索""深度伪造"等违法行为出台的一系列法律法规知之甚少,并不乏知其道却反其道而行的学生。2020年3月1日起由国家互联网信息办公室发布的《网络信息内容生态治理规定》正式施行。涉及大学生作为受害者或违规者的网络暴力等违法违规现象仍然普遍存在,针对大学生对于网络相关的法律法规的认知缺失和网络行为越轨现象,高校有不可推卸的监管教育责任,其重要作用的缺位让大学生在频繁触网的时候无法正确利用语言功能,也不能拥有在网络生活中保护自身不被粗制滥造、批量生产的虚假谣言错误引导的精神铠甲。

2. 缺少对大学生网络信息价值判断的引导

在各式各样的媒体平台中,各种不良信息小到影响日常的吃穿用度,如网红直播带货屡被证实虚假宣传,大到损害国家和民族利益,意识形态、价值观念被扭曲,更有甚者否定民族历史、抹黑英雄形象,其背后意图既有哗众取宠为了利益博取关注度和转发量,也有企图颠覆大学生对国家政治文化正确认知。当大学生在看到此类信息时是仅仅一笑而过或者投诉举报,还是思想动摇,关键在于学生是否有正确的理解、评判信息的价值尺度,这恰恰需要在学生思想政治教育工作中帮助学生匡正、建构、重塑他们的政治、价值、文化取向。

3. 缺乏优质信息获取渠道的知识普及

《2015年中国大学生媒介使用习惯与媒体品牌认知报告》显示,在使用网络进行资料检索时,34.5%的大学生不知道专业的学术检索渠道[①],反映出大学生在专业信息检索,专业的图像和视频编辑使用,参与或独立制作原创文学、艺术及音视频作品等网络使用能力方面匮乏,然而高校没有针对大学生开展系统的网络素养教育,而是呈现教育内容碎片化、方式单一化的趋势,不利于形成完善的网络素养教育体系,实现引导大学生全面发展的目标。

4. 网络文明素养相关课程设置不理想

高校在网络素养培育课程中多采取了较为多样的教学模式,诸如网络素养专题课、网络科技讲座、网络爱好者论坛等,在一定程度上对大学生网络素养产生了积极影响,但是高校在该课题上还存在着课程设置不理想的问题,教育内容千篇一律,在与高校思想政治教育理论课的融合程度上还有一定拓展潜力,无法完全满足高校思想政治教育课程对大学生情感和意志的培育目的,培育效果亦无法

---

① 中国传媒领袖大讲堂组委会,上海交通大学社会调查中心.《中国大学生媒介使用习惯与媒体品牌认知报告》2015年7月.

满足高校对大学生网络素养的客观要求。

另外，高校在网络素养的相关课程设置上忽视对学生情感体验与表达的培育，培育的核心板块依然脱离不了灌输式的理论说教模式，在培育过程中忽视了师生间的感性互动，教学内容无法激发学生的学习探索兴趣，无法引起学生情感上的共鸣和对真善美的信仰，使学生缺乏主动的学习需求，严重影响学生对于网络素养的重视。其次，高校在网络素养的相关课程设置上缺乏对主体价值彰显的意识也是问题之一，大学生是新时代网络洪流中的主力军、急先锋，是网络的直接使用者、参与者和建设者，集多种角色类型于一身，对他们网络主体意识的培育至关重要，如果大学生意识不到自己在网络空间中的主人翁角色，大学生群体将在网络空间中失去实现价值的机会。

5. 教育工作者意识较为薄弱

高校未充分重视大学生网络素养培育的重要性，在此培育领域中投入的师资和教学资源远远达不到大学生的现实受教育需求。高校总体上缺乏专职的网络素养培育的教学教师和研究队伍，现有的教师多由其他课程教师兼任，他们身兼数职，专业度不强，网络素养意识薄弱，对于相关教学和科研的主动性、积极性不高，有的对网络媒体、网站、宣传渠道了解不够、使用不当，甚至寻求学生帮助，缺乏教育学生的担当精神，在教学中用社会科学公共课代替网络素养教学，或者让学生依据教材自学以应付课程考核。在培育落地环节缺乏师资、缺乏对教师队伍的培育、教学过程"一切从简"等因素也导致了大学生网络素养培育步伐的迟缓。

6. 缺乏高效的网络环境管理人才队伍

一方面，面对大量亟须处理的网络问题，虽然有法可依，但是管理者知识储备不足，难以应对，还有的管理者处理问题不积极，致使相关的法律规章条文显得格外苍白无力。另一方面，高校网络环境监管流于形式，网络管理人员主要工作就是修电脑。例如国家网络安全日许多高校仅仅以发文来落实要求，没有真正落实下去。

（三）家庭教育思想观念存在误区

由于大学生在家时间较少，家庭教育作为大学生思想政治教育工作中的重要一环往往容易被忽略。从某种意义上讲，人们思想品德的形成，都是从家庭开始的。家庭环境特别是父母对子女思想、道德等方面素质早期的形成和发展具有重要作用，这是其他教育因素或环境所不具备的。家庭环境的好坏，在一定程度上影响着大学生的人格是否健康。各种家庭因素如家庭结构、经济条件、家庭关系影响和制约着大学生思想品德的形成与发展。家长常常以自认为对的教育观念来教育子女，而这种观念不全都是科学的、有效的。时代在不断前进，但是很多家长的思想并没有同步前进，依然持有陈旧的、落后的教育观念，其主要表现在以下几个方面。

第一，家长认为子女上了大学就已经长大成人，摒弃了高中阶段对子女艰苦奋斗精神的督促，放松了对子女的严格要求，令其独自处理生活、情感问题。同时，有的家长不能以身作则，对子女严格要求却忽视律己，而且在与子女沟通时总是习惯性的唠叨和抱怨，缺少对子女的倾听和表扬，导致子女与父母之间容易产生激动情绪，影响家庭氛围。

第二，家长看待问题缺乏辩证思维。网络具有积极的一面，也有消极的一面，但是有的家长往往因为这些消极影响，就容易情绪化地全盘否定其积极作用。例如，很多家长提到上网就会想到学生网络游戏成瘾，所以因噎废食，坚决反对子女上网，这样的想法和做法太过极端，可能会适得其反。

（四）大学生对网络素养的自我完善意识不强

在网络与生活高度融合快速发展的环境下，大学生的上网行为多以娱乐为主，对于大学生网络法律、道德等素养的要求，更多的要靠大学生主动认知和自觉遵守，但是当前大学生还不能做到自觉遵守网络素养的相关要求。大学生自我完善意识不强，是其网络素养认知不全面的主要原因，具体表现为大学生自我约束能力未得到发挥以及大学生良性网络生态建设责任未积极承担。

1. 大学生自我约束能力未得到发挥

一方面多数大学生能够做到基本认知网络素养的内涵和遵循网络素养的要求，能够遵守网络社会中的行为规范及要求。但是还有很多大学生在网络上的表现没有达到网络素养的基本要求，如在网络社会中不文明用语，参与网络暴力，获取盗版资源，以及在未了解事件的前因后果时便作出自己的判断，发表误导网民群体的言论等行为。另一方面，相比现实社会，网络社会是虚拟的、匿名的，使得大学生在网络中很少受到外界的约束。这导致部分大学生逐渐放纵自己，潜意识里觉得网络社会是极度自由的，从而越来越沉迷网络，甚至出现过度依赖的现象。由此可以看出，大学生自我约束能力未得到发挥。

2. 大学生良性网络生态建设责任未积极承担

大学生网络素养的自我完善意识不强，还表现在他们尚未积极承担良性网络生态建设责任。在网络时代背景下，新媒体蓬勃发展，现如今每一个用户都是信息制造与传播的节点,同时也是信息监督与管理的节点。也就是说每一个大学生都可以在网络信息的制造、传播、监管中发挥作用。作为新时代网民代表的大学生,倘若可以积极参与到网络信息的制造、传播、监管的每一环当中来,不仅会为良性网络生态建设提供动力,同时还会影响更多的网民加入良性网络生态建设的队伍中来。但目前来看大学生还没有意识到自身力量对建设良性网络生态的重要性,以及捍卫网络生态的天朗气清是其作为新时代青年必须承担的社会责任。

(五)社会市场经济环境负面影响

自20世纪90年代初开始,我国开始大力发展社会主义市场经济,市场经济建设各方面对我国社会、民生的各领域都产生了巨大影响。强烈的市场需求、政策的鼓励引导、企业的资源支持共同推动网络文化娱乐产业进入全面繁荣期。但是,同任何事物一样,市场经济双刃剑效应明显,既有积极影响,也有负面影响。这些负面影响主要表现在:

第一,资本的逐利性。享乐主义、个人主义、拜金主义等西方资产阶级价值观盛行。这种价值观、道德观的混乱和扭曲,致使部分价值观不坚定的大学生变得唯利是图,为了钱不顾一切,败坏社会风气。有的企业过度追求利润,大肆制造和推销伪劣商品,恶性竞争扰乱市场获取利益,这就容易导致部分大学生向他们看齐,唯利是图,不顾道德与法律的约束,在网络中为所欲为。例如部分大学生受蝇头小利驱使,做网络水军制造各种舆论,还有的大学生帮非法网商刷信誉,等等。

第二,集体主义观念淡薄。社会上有一部分人损公肥私、中饱私囊、损人利己,大搞权钱交易,破坏党风政风,破坏了正常的生产和生活秩序。这种现象潜移默化地对大学生产生不良影响,使大学生认为这就是真实的社会,为了"适应社会"而认真"模仿"起来,并把这种思想运用于平时的网络使用中。

第三节　思想政治视域下大学生网络素养培育的途径

一、社会引领方面

（一）完善大学生网络素养培育的政策

首先，政府要加强大学生网络素养培育的援助工作，政府必须出台网络素养的高效培养规范，这是提升大学生网络素养的关键渠道，也是教育政策在大学生互联网素质教育的执行问题。其次，改进互联网素养领域的整体理论指引，政府教育行政监管机构出台相关规定和策略，加强大学生网络素养培育政策性参与，采取合理的方式及规范对网络加以监管，指导大学生科学使用互联网媒介，来完成网络媒体功能的正面体现。此外，要加强学校的学科建设、专业建设、师资力量建设、教学内容建设等层面的原理导向，重视推进互联网素养教育水平和创新建设，主动地对教育方式、手法进行改革。

此外，创建大学生的国家级互联网素养准则。当前，中国不存在为高校创建大学生网络素养有关的培养规范的实例，教育部应该结合中国的国情及高等教育的现状，积极学习其他国家高校互联网素养培育方面的有关规范，加快创建中国的高等教育网络素养规范，为大学生的网络素养培育供应参考和根据。

最后，用国家立法的方式积极促进高校大学生网络素养的培育。大学生网络素养是中国教育目标里的关键内容，也是当今我国公民应该拥有的基础素养。网络素养的培育牵扯社会的多个领域，政府必须给予足够的重视，国家应尽快制定法规，保证社会各个层面可以为提高大学生及人民的网络素养提供支持，才可以更快地完成大学生的网络素养培育。

（二）建立健全网络监管与行业自律

首先必须完善互联网管理。第一，对网络存在的信誉缺乏、互联网诈骗、管理体制落后等现象，政府机构必须进行调查分析，创建和健全互联网贸易的规范和制度，公布推动网络积极发展的政策举措。第二，政府相关机构必须切实关心互联网技术的革新和进步，关心信息传输的模式、内涵及转变。通过法律手段的运用，对于大学生网络素养方面出现的各种问题进行严格的监管。严查互联网上的违规犯法行为，规范大学生的互联网行为，进行合法监督，严厉打击相关的网络犯罪活动和违反道德的行为，在整个网络社会树立法律的至高权威。第三，在互联网建设中增加资金投入，把合理利用及建设管理作为重点，齐抓共管，全面推进，增强政府对于网络的监管。深层次严抓业界内部的监管，对业内各部门职责进行划分。针对网络采取责任追查，尽快创建业内自律的评价体制，对媒体行业等完成等级划分和归属地划分，形成完整统一的管理体系，层层推进，狠抓落实，让网络信息能够健康有序的传播，方便大学生利用。第四，深入加强互联网文化和信息服务产业的监管，切实开展商品的行业准入规范，规范当前网络信息传播的无序状况，科学规范信息传播的秩序，增进对相关知识产权的保护。第五，互联网和各种文化的监督机构必须对网络展开整体的全程的监管追踪，创建完善反馈制度和评估制度，对于网络出现的各种糟粕进行即时的监控和监管，对于各类负面信息及时作出处理，及时纠正网络出现的不良信息传播预防网络道德示范行为的发生，预防网络暴力和犯罪，为互联网信息的传输营造正面的文化氛围。

其次，创建完善网络产业的自范制度以及处罚制度。明确互联网工作者的行业道德准则，对业内从业者信息公布、信息生产环节中的遵循业内准则及规范的活动完成指引。

此外，网络产业必须对业内人士完成自我检查行为，执行责任追查规范，倘若出现触犯网络道德、社会道德、国家法规和社会稳定性的行为，严惩不贷，打造互联网产业的正面公众印象。

（三）占领思想政治教育网络阵地

一方面，在网络阵地中宣传中国特色社会主义取得的伟大成就和中华优秀传统文化，进军世界网络文化阵地。努力建设内容丰富、积极向上、大众喜欢的文化网站和微薄、微信公众号，鼓励和支持国内著名的马克思主义学者、科学家、作家通过自媒体平台传播主流价值文化。

另一方面，要积极开发具有吸引力的思想政治教育网站、应用程序，把社会主义核心价值观以生动、活泼、有趣的视频、游戏等大众喜闻乐见的形式呈现出来。针对网络违法、失德现象，开展讨论、辩论，并请资深专业人士进行点评，使大学生在轻松、自由的氛围中，领会社会主义核心价值观的深刻内涵。

二、高校培育方面

（一）坚持"四个课堂"协同发展

网络素养培养应遵循"以人为本"的教育理念，坚持树立正确的学生观，课程的开展和实施也应尊重学生、理解学生、关心学生，以提升学生综合素质为基础，促进大学生的全面发展。

新时代，大学生网络素养培育方式应该坚持"四个课堂"的协同发展，即课堂教学、课外活动、社会实践、网络课堂四位一体联动形成培育合力，密切配合、互为补充，有效拓宽大学生网络素养的培育阵地。

1. "第一课堂"：课堂教学夯实理论基础

大学生网络素养课堂教学是指高等学校按照网络素养培育课程的教学计划开展的所有有关该素养培育的理论教学活动。课堂教学在大学生网络文明素养培育中占据主导地位，因而是"第一课堂"。大学生网络素养课堂教学应重点突出"精"的特点，注重课堂教学质量的提高，以及大学生关于网络素养理论知识储备的扩展。以高校思想政治理论课作为大学生网络素养培育的主渠道，以形势与政策教育为重要途径，同时也赋予高校哲学社会科学课程相应的培育职责，结合高校其他专业课程的育人功能，实现大学生网络素养培育的效力最大值。在注重融入配合支持力量的同时，也着力开发专业的网络素养培育课程，依托思想政治理论课的主干号召力，形成个性化的网络素养课堂教学。

2. "第二课堂"：丰富课外活动培育形式

大学生网络素养课外活动是指在网络素养理论教学课程之外，在校内开展的所有教育活动。大学生网络素养课外活动应体现"细"的特点，以班级、学生会、大学生会、学生社团、党团组织等团体为抓手，开展丰富多彩、积极向上的校园网络文化活动、主题教育活动等，基于"第一课堂"对于网络素养知识储备的铺垫，以学生工作为锻炼内容，将大学生所积累的理论知识应用到学生工作当中，以实际工作的成效来检验大学生网络素养的培育程度和进步方向。

3. "第三课堂"：社会实践检验理论培育成效

开展"第三课堂"——社会实践是践行大学网络素养培育知行合一的有效途径。大学生网络素养社会实践是指大学生在网络素养理论课堂之外，走出校园所开展的所有社会实践活动，"第三课堂"主要体现"实"的特点，即在网络素养理论课堂"讲道理"、课外活动"练能力"之后"干实事"，培养学生在脚踏实地干实事全过程中始终以历史使命感和社会责任感要求自己的一言一行。高校应积极践行实践育人的长效机制，探索、建立与网络素养相结合、与大学生专业知识相结合、与服务社会相结合的"三结合"的实践基地，引导大学生走出网络、走去基层，解决现实中的网络文明缺位、网络能力薄弱、网络技术落后等问题，使大学生在社会实践活动中不断修正自身对于网络素养的认知，在社会实践活动中继续受培育、长才干、作贡献。

4. "第四课堂"：网络课堂引导新型培育趋势

大学生网络素养网络课堂是指大学生利用网络自主提升网络素养的新型课堂，是着力创新网络素养培育新手段和新阵地，突出"新"的特点。网络课堂虽然以大学生自学为主，但也需要以高校辅导员为突破口，借助高校辅导员这一"知心朋友""人生导师"的双重身份，发挥高校辅导员在日常思想政治工作和网络思想政治教育过程中的引导作用，因为高校辅导员的职责之一便是构建网络思想政治教育主阵地，所以要推动大学生思想政治教育工作与网络信息技术高度融合，在这一新型培育阵地上加强大学生网络素养的培育。由此可见，高校辅导员队伍是依托网络课堂开展大学生网络文明培育的"一线队伍"。

（二）培养定向教育师资团队

学校应该积极培养一批网络素养教育专业性强、资质较深的教师，重视其知识领域及其精神境界的发展。为培养具备优秀网络素养、适应社会发展的优秀大学生，学校应培养出一支高素质、高效率的专项师资力量。由于国内至今没有出台明确的网络素养教育条文规定，造成网络素养教育专项教师严重缺乏现象，因此教师队伍需定期进行素质教育培训，从提高教育工作者网络素养方面入手，提升大学生对网络素养的重视程度。

（三）营造健康校园网络环境

网络是进行文化传播的助推器，能更好推动校园网络文化建设。高校校园网络文化是一种特殊的文化形式，同时也是高校校园文化体系的重要组成部分。高校必须积极营造健康校园网络环境，具体措施如下。

第一，加强物质文化建设，提供基础设施条件。一是加大网络硬件建设投入力度，数字化校园需以优质的硬件环境为基础。要做到技术先进、拓展功能强，网络必须覆盖到全校范围，为学校资源利用、数据共享提供手段。二是加强网站建设投入力度，为意识形态争夺开辟根据地。以开放的思维建设一批有吸引力和影响力的思想政治教育网站，利用视频、游戏等形式，整合社会资源，形成教化、育人的新局面。

第二，加强制度文化建设，构建制度保障。一是实行制度化网络管理，严肃规范网络行为。对于垃圾信息、有害信息有效截堵，禁止对不良网站的访问，最大限度地通过技术手段巩固网络管理长城，使网络管理更有序、规范。二是规章制度的制定应广泛倾听和吸纳师生的意见，充分体现为师生服务的宗旨。

第三，加强精神文化建设，丰富高校校园网络文化。一是倡导和谐的人文精神，举办丰富多彩的文化艺术活动；二是强化校园文化的导向，坚持思想政治教育在网络文化中的指导地位，唱好网络文化主旋律。

（四）大学生网络素养培育的反馈机制

高校只有及时了解大学生网络素养培育的效果及改善意见，才能有针对性的调整培育方案，才能逐渐完善大学生网络素养培育体系，因此高校有必要构建大学生网络素养培育反馈机制。高校可以利用校园网络平台操作的便捷性，定期对大学生的网络素养进行测评，并且在该平台中开设关于大学生网络素养培育体系的留言专栏，让广大大学生对当前网络素养培育体系的运行状态进行评价并且提出改善意见。大学生的不同观点会在校园网络平台的留言栏中相互碰撞，只有相互碰撞才会引发深层次的探讨和交流，还会吸引更多的大学生参与进来，产生更多的有益反馈。负责大学生网络素养培育的教师，要定期对这些测评结果和改善意见整理归纳，并针对整理的反馈信息进行研讨，分析出当前培育体系存在的问题，依据研讨结果对培育体系进行纠偏。只有形成良好的意见反馈机制，才能逐步提高大学生网络素养培育的效果。

三、家庭教育方面

丰富大学生家庭教育内容是提升大学生网络素养的基础因素。大学生思政工作主要在学校进行，但家庭也与学校、社会一道，对大学生构成三维立体式的影响，其作用不可小觑。家庭是人出生后的第一所学校，是个人成长的摇篮。大学生的性格、品质、素质、责任心、公德心等等，在幼年时期就逐步成形，在大学时期逐步完善。家庭教育对大学生思想政治教育具有重要意义，既可以发挥家庭的独特作用，又可以促进大学生和家长的情感沟通，因此家庭与学校要形成合力，以培养大学生健全人格。

（一）更新家庭教育思想观念

更新家庭教育思想观念需从以下两个方面入手。

第一，家长提高自身辩证思维能力。一方面，家长通过书籍、网络课堂等渠道学习马列主义、毛泽东思想经典著作，了解事物都具有两面性这一本质，正确看待网络，适当地引导并教育子女合理分配娱乐时间与学习时间，疏堵结合而不是一味地要求子女与网络绝缘；另一方面，家长要学以致用，常常用辩证思维对问题进行分析，在理论的指导下实践并内化为自身的思维方式。

第二，家长放低自身姿态和子女交朋友。一方面，家长应以朋友的口吻和子女交流，而不要总是以权威的姿态来命令子女，因为无论其顺从还是叛逆，高高在上的命令会让子女从内心深处与家长之间形成一条无法逾越的鸿沟。另一方面，通过学习相关书籍、咨询心理专家，了解子女在各个成长阶段的心理特征，对其进行有针对性的沟通，了解子女的真正需要，多赞美少埋怨，理解而不是盲目支持，民主而不是随心所欲，多与子女谈心以实时把握其思想动态。

（二）提高家长自身网络素养

家庭环境对子女的影响不仅体现在有计划、有目的的家庭教育中，而且也体现在家庭的日常生活中，父母的日常言行举止以及家庭的氛围，都会通过家庭环境耳濡目染地渗透到大学生的思想意识中。因此，培育子女的网络素养，应该从培育家长自身的网络素养着手。当家长具备了较高的素养，就能更好地对孩子进行言传身教。

家长可以通过网络、书籍等多渠道学习，掌握网络查询工具的使用方法，熟悉现代化的科技手段，并在生活中灵活运用。如利用浏览器搜索资料、信息，查找、安装应用软件，会使用音频、视频，以及利用各种网络平台学习知识。

四、大学生自我培育方面

（一）强化自我认知，增强大学生自我效能感

大学生要正确认识网络媒体，认识网络中的自我和网络中的他人，增强自我效能感。自我效能感建立的过程也是促进大学生形成对网络中的自身、网络媒体和网络中其他人的认知的过程。大学生的自我效能感受到个体行为结果的影响，也就是说当行为结果得到正向的反馈时大学生实施行为的信心就会越强，自我效能感越高。例如，学生利用自己的专业知识在媒体平台中发表言论，为他人进行知识普及、正向引导，得到大量的赞同和关注会鼓励他更加积极地参与类似的行为活动。

（二）升华思想情感，提高大学生网络政治参与度

马克思主义关于人的全面发展理论的阐述中提出两个目标标准：一是以政治文明为核心的社会目标，二是以理想人格为核心的个体目标，二者辩证统一，缺

一不可。进行正确、积极的网络政治参与行为的大学生，往往拥有真善美的人格特质；保持政治敏锐性的学生，更擅于辨识媒体信息的价值导向，避免劣质信息影响人格的塑造。

大学生政治情感是理想信念的核心。首先，需端正政治态度，加强政治理论学习，有意识地培养甄别政治信息的能力，对网络中的政治新闻和政治消息、政治常识和政治理论、党和国家的大政方针等进行有效识别，区分哪些可作为有利信息储存，丰富政治知识储备。其次，善于运用马克思主义科学的世界观和方法论分析和解决问题。用历史的、辩证的、发展的眼光看待网上不断出现的政治现象和政治问题，透过现象看本质，避免对网络政治信息进行浅显的判断，从而导致不理智的政治参与行为。唯有掌握判断媒体信息背后传递的价值观和实际意图的能力，才能汲取高质量、有营养的信息为己用，不被异质性、错误性、低水平的信息所误导。再次，提高政治敏锐性和判断力，结合时代背景，洞察政治的发展趋势，辨明利害关系，全面准确地分析、处理复杂的政治问题。

（三）优化审美意识，提升网络审美修养

理解符号反映的文化内涵，学习媒体表达工具。人们在网络这一中介物中通过图片、视频、文字等符号形式进行人与人之间的交流，通过视、听、触觉感知外界的信息，我们就是用这些资料和信息来理解和建构周围的世界，通过继承和内化承载着文化的符号系统，塑造人们在线上线下与他人交流的方式。大学生应把网络生活偏向娱乐化的重心有意识的调整，更多关注有思考深度和社会价值的符号信息，包括历史文化、建筑文化、服饰文化、饮食文化、民间工艺、书法绘画等优秀的民族文化，例如观看《大国崛起》《中国诗词大会》《国家宝藏》《故宫》等这些囊括了人文地理知识的节目，体会与之相关的历史文化背景和当代的价值意义。同时要学习利用演示文稿、Photoshop、flash 动画、H5 网页、短视频制作等媒体创作工具，将输入型的知识学习转化为输出型的信息分享，兼顾理解网络符号文化和运用媒体技术两个层面，促进大学生自身对信息工具、媒体技术的知识学习和技能掌握，也增强自身的文化认同感，坚定文化自信，主动构建起自己的精神家园。

（四）加强道德自律，规范网络道德行为

道德自律指个人凭借对自然和社会规律的认识，自愿地认同社会道德规范，并实际践行，从而把被动的监管变为主动的律己，把道德标准内化为自身良知的

自主行为。

大学生网络道德自律即指自愿认同爱国守法、诚信无害、文明友善、自律自护的网络规范。在道德认识层面，具备责任、规范认识。责任认识即主动肩负个人、家庭、社会的责任、义务及使命的意识，增强共情能力，要把握大局意识，在个人与集体利益冲突时牺牲个人利益，维护集体利益。规范认识是指学生的所有网络行为都要遵守规范准则，提高网络规范意识，自觉维护网络健康有序环境，形成和谐的网络伦理关系。在道德实践层面，不断进行自我约束和自我调适。在网络空间中自觉约束自己不恰当的欲望和情感，做到知行一致，线上自我与线下自我相统一；对接触到的消极负面信息进行自我调适。

第四章　网络背景下高校思想政治教育的改革创新

本章内容为网络背景下高校思想政治教育的改革创新，阐述了网络背景下高校思想政治教育的相关内容，提出了网络背景下高校思想政治教育创新的路径，并对网络背景下高校思想政治教育者的应对策略进行了分析。

第一节　网络背景下高校思想政治教育的相关论述

一、高校思想政治教育网络环境的特征

（一）开放性

这是互联网的最基本特征，在网络环境中，任何网络主体都可以在网络中发布信息，尤其是非特定信息，世界上的任何地方的其他网络主体都可以在网络中平等享有接收和阅读信息的机会，从网络的基本运行机制上来看，网络环境是一个绝对开放的空间，各种信息都具有平等的传播机会。这就使得世界上不同的文化能够突破地域的限制，在网络上得到充分的展示和传播，在交流和融合中逐渐衍生出独特的网络文化。

（二）交互性

网络环境中的人际交往，既可以实现同步交互，也可以实现异步交互。所谓同步交互，是指互动主体在同一时间进行的活动，如两个或多个网络主体之间基于一定的即时通信平台进行的实时沟通交流，如利用QQ、微信或直播平台等进行的同步网络交往活动，在网络课程中开展的在线面对面课堂教学等，就是典型的同步交互模式。所谓异步交互，是指不在同一时间进行的交互活动，如你可以在任何时间对网络上的新闻或论坛中的帖子发表跟帖，也可以在任何时间阅读并

回复电子邮箱中的邮件等等,就是异步交互模式。相对于同步交互来说,网络环境中的异步交互在操作起来更加容易些。但无论哪种交互方式,交互的过程都是对信息再加工、再传播的过程,在这个过程中,受众是积极的大众传播的参与者。高校开展的网络思想政治教育活动,从交互行为角度分析,其行为主体是网络行为的参与者,但同时也是思想政治教育的受教育者,在这里,"网络主体"与"受教育者"两种身份合一,主体对于自身参与教育行为的积极性和表达欲望更加强烈。

(三)虚拟性

网络环境是人们凭借网络技术搭建的,与现实生活息息相关的,可以进行网络活动的空间。网络环境有着其独特的表现方式和内容形式,丰富了人们的社会实践活动,打破了以往人类社会时空限制,开发了人类生存和发展的新空间。网络空间超越了传统的时空概念,它不是真实的人类生存空间,而是独立于人类生存空间之外,可以与人类生存空间相互交融的一种虚拟空间。这里的虚拟性可以从三个层面理解:首先,信息本身的虚拟化。人们可以利用软件,对文本、图片、音频、视频等网络信息数据进行修改和再编辑,信息本身失去了原始的本来面目,可以以任何人所希望的形式展现并传播。其次,传播关系的虚拟化。在传统传播环境中,信息发送者和信息受众之间的角色是特定的,比如电话传播,我们可以通过语音判断并确认对方的身份信息;书籍买卖的过程也是信息传播的过程,我们可以十分准确的知道书本的作者是谁。但是,网络环境下的信息传播,就可以隐藏传播者的身份信息,采用匿名信息进行信息传播,受众无法得知信息发布者的真实身份,由此带来的传播关系的不确定性和虚拟化。最后,空间的虚拟化。网络环境是一个虚拟空间,网络主体可以在这个空间中进行购物、交友、娱乐、学习等各类活动。通过网络环境中的各类APP平台,网络主体间开展实时交互活动,达到超越现实的目的。虚拟现实技术的发明从某种意义上来说进一步拓宽了人类的生存空间,因此人们不仅可以生活在现实的世界,而且还可以在数字化的虚拟世界中自由自在地遨游。

(四)隐蔽性

网络环境具有本质上的隐蔽性特征,主要可以从三个角度去理解:第一角度,网络信息有"数字化"特征,所有网络信息与平台数据都可以归结为数字信息,划归为用"0"和"1"表示的二进制数字。信息的展示形式是丰富多样的,但探究其背后的密码，都是数字化信息。可见，信息一旦失去外在展示形式，则成为非专业人士无法理解的内容，其外在的形象化与本质的数字化融为一体。第二个角度，网络信息的"匿名性"使得网络环境中的信息发布或信息传播主体不能与现实中的主体一一对应，这就使得普通受众不经过专业技术追溯，很难识别信息的最初来源，导致信息的发布主体隐蔽在难以发现的角落。第三角度，网络信息的"无时不在"。网络环境下的信息由于它的数据性，可以通过光纤网络传递，实现了即时传播、全时段传播。因此，人类生活的任何时间段都成为了信息传播和展现的时间点。第四个角度，网络信息的"无处不在"。网络环境下的信息由于其迅速、便捷、形象化的特点，成为现代社会大众最受欢迎的信息传播方式，移动互联网更是将人和网络完全绑定，实现了"每个人就是每个网络节点"的新的网络状态，人完全置于网络之中。

二、网络背景下高校思想政治教育的特征

（一）教育主客体的平等性

高校思想政治教育作为一种作用于"现实中的人"——大学生群体的具体的实践形式，其内在地包含着高校思想政治教育者和教育对象之间的思想沟通和价值共识达成，即客观地存在着教育的主体与客体。在高校传统的思想政治教育中，主体（教育者）处于主导地位，客体（受教育者）处于被动地位。主体以单向思维模式掌控着整个教育过程，按照其既定的教育方式和教育内容，对客体大学生进行信息传递和价值灌输。这种一元教育格局在信息闭塞、教育资料单一的时期取得了较好的效果。但受时空限制，形成了少数活跃、多数沉默的互动现实。

网络背景下，信息的生产、传播、获取方式跟之前已经大不相同，先进的科学技术和多样的学习媒介使大学生能够突破时间和空间的局限实现自主学习。新时代，我们思想政治教育者面对的高校大学生是"00后"群体，他们作为网络的原住民，思维活跃，学习力强，善于在网上展示观点、交流思想、表达诉求。在传统思想政治教育视域中，高校思想政治教育者和大学生所具备的知识差距、信息差距是推动思想政治教育顺利开展的关键。师者之所以传道授业解惑，是因为其在知识掌握和价值判断等方面明显优于学生。互联网的迅猛发展一定程度上消解了这种"势位差"，面对互联网上即时生产的层出不穷的信息，大学生和教育者都是平等的接收者，甚至部分具有超前学习意识的学生，其通过互联网所得到的知识储备比教育者还要多。互联网打破了教育者在资源方面的权威性和地位的

中心性，缩小了教育者和受教育者的知识差距，淡化了高校思政课教师和大学生的地位界限，为二者平等交流提供了可能。

随着时代的发展，传统思想政治教育形成的二元对立的主客体关系问题越来越突出，影响了教育的效果。因此，在网络时代，高校思政课教师与大学生的关系不再是一方享有绝对权威，一方被动地接收，而更倾向于互动和引导。地位的平等让教育者获得更多尊重，也让受教育者更好地吐露心声、内心的诉求及时得到关切和回应，在信任和依赖中达到思想政治教育的本来初衷。

（二）教育信息的海量性

网络具有广融性的特点，网络的广融性内含网络信息横向拓展与纵向深入两方面。横向指知识型与价值型信息的广布，旨在强调信息的本原与评价性认识；纵向指知识的历史包容性，强调不同时间点的信息能同时在网络中出现。随着现代化技术的不断革新，网络的广融性特点不断深化。网络的广融性导致大学生面临的海量信息良莠不齐、真假难辨，但也正是信息的繁杂多样可以促使他们能够找到感兴趣的话题和所需的文章与数据。为了使他们够准确筛选出有用的、积极的信息，在教育活动中，高校教师应适时传授网络信息鉴别技巧，并强调负面信息的危害性，让大学生在积极向上的价值观引导下，有效避免不良信息侵害并找出符合自身需求的相关内容以促进其在网络大潮下提高自身接受效果。

（三）教育空间的开放性

现代化网络使地球成了"地球村"，网络信息的开放性也为高校思想政治理论课接受主体带来了便宜。跨地域、跨时限的人际交往空间成了现实，打破了传统人与人面对面才能实现沟通与互动的狭隘界限。通过互联网，大学生可以通过比照他人的有益言行，自我反省与群体言论的差异所在，查找自身言行的不足与缺陷。同时，当网络中出现与主流价值相悖的言论时，他们亦能通过自我警醒，查找自身是否存在此类思想倾向，对于可能出现的苗头予以遏制。为更好引导高校学生在网络开放性背景下实现内省，提高接受效果、接受质量，教师在高校思想政治理论课课堂中必须教育学生分清是非曲直以及培养学生维护自身合法权益的能力，帮助他们更加灵活地运用网络信息，提高自身思想素质，提高接受效果。

（四）教育反馈的及时性

四通八达的网络在教育者和大学生之间架起了互动的"桥梁"，教育者利用大数据、云计算、人工智能等技术处理手段，通过网上数据分析，可以快捷正确地把握学生的最新思想动态、心理困惑和行为特点，从而及时与学生交流信息，沟通思想，解答学生心理困惑，改变不良行为，建立和谐亲密的师生关系。此外，微博、微信、QQ等软件为加强师生的了解提供了媒介，拉近了师生的距离，有助于教育者实时跟踪学生思想变化、情感痛点、行为表现，有助于教育者快速全面地观察与思考，前瞻性地做好思想政治教育。

三、网络背景下高校思想政治教育发展的机遇

（一）拓展高校思想政治教育新阵地

在网络时代，高校思想政治教育工作者可以利用各种信息传播的手段，将文字、声音、图像与数据整合起来，形成互动性和形象性的教育资源，使得思想政治教育更加具有艺术性和表现力、感染力。在提高思想政治教育实效性的客观要求下，各大高校也正在探索推动思想政治教育平台的多元化，如举行讲座、座谈会、讨论会，以及利用独特的校园文化来进行思想政治教育等，但网络的使用还具有广阔的空间。高校是进行思想政治教育的理想园地，而利用网络来丰富高校思想政治教育的平台，成为提高思想政治教育实效性的可靠路径。现代网络在传播信息上突破时空的限制，形成"第一时间"和"第一现场"，使得学生可以轻松获取知识，进行文化交流，如电子图书馆、思想政治教育网站、多媒体数字资源中心等，都成为学生接受思想政治教育的新平台。在这些平台上，网络可以将最具新潮的、最具个性化的信息图文并茂地展示出来，同时吸引学生参与其中进行讨论交流，不仅提升了学生的知识面，还能促进学生思想意识的提高。

依据网络技术、移动通信技术，网络还可以形成相互联动的巨大网络体系，凭借其海量信息、资源丰富、覆盖面广、互动性强的特点，将思想政治教育在各个平台上彼此联系起来。这样，高校思想政治教育既可以共享内容丰富的教育资源，也可以集中高效地传播正确思想。各种网络教育平台在网络中随处可见，并直达学生的电脑、手机等终端设备，而无须受到客观条件的制约。这无论对于开展思想政治教育的场所、手段，还是学生获取知识的方式都带来了突破性的改善。当前，已有不少高校正在积极探索创建形式多样的网络教育平台，如创建思想政治教育网站专栏、定制手机信息、开辟电子报刊、建立户外电子屏幕、建设电子数据库等，这些有效的举措切实为思想政治教育提供了崭新的实践平台。

（二）拓展高校思想政治教育视野

网络时代的到来为传统的思想政治教育提供了一个全新的学习环境，提供了一个全天候的数字化世界。由于互联网的深入发展，各种数据信息已经将学生包围，上网已经成为学生不可或缺的生活方式。而大学生这个群体是极为活跃的群体，更容易接受新事物，受环境影响大，这样的青年人处在数据丰富的大数据时代，能够通过大量的即时性数据信息充分调动其积极性，挖掘其内在潜力，从而引导学生树立正确的三观。不同以往传统思想政治教育的是网络信息的传播已然不受时间和空间的限制了，这会使大学生接收到更多更前沿的信息，从而拓展大学生的思想政治视野。

1. 数据信息突破时间限制

无论是教育者还是大学生群体，每个人的精力都有限的，无法将过去、现在、未来的知识都深刻了解和挖掘，受数据处理技术的限制，如果想要学习进步，大部分的学者都会选择向其他学者请教或在图书馆查阅资料。现今只要动动手指就可以在任何有网区域获取到你想查阅的信息，极大地节省了时间，如遇到需要研究的问题，还可以通过线上交流发表自己的意见，了解其他学者想法，为研究者提供更多的灵感。海量数据信息便于大学生查阅资料，增加了大学生的学习资源，从而拓展了大学生的视野。

2. 数据信息突破空间限制

传统的思想政治教育以固定的学校班级授课为主，大数据时代将班级授课和网上学习相结合，形成线上与线下的联动效应。课堂将不是大学生接受思想政治教育的唯一阵地，可以通过网络信息数据共享将大数据挖掘信息功能引入课堂之中，将传统课堂转移至网络互动平台。大数据技术增加了大学生思想政治教育信息，拓展了大学生眼界，更有利于通过线上线下的结合教育，让大学生对思想政治教育内容掌握更深刻。

除此之外，数据信息的收集不仅仅停留在国内，还包括国外的许多先进知识与经验等，足不出户就可以获取详细信息，丰富了大学生的知识储备，有利于活跃大学生的思维。网络的发展，大量有价值的数据信息出现在我们面前，为思想政治教育工作提供了很多便利，不仅使大学生牢固地掌握自己的专业理论知识，还拓展了其各种能力，更使大学生向全面的素质人才方向发展。

（三）增强高校思想政治教育的针对性和时效性

首先是使得高校思想政治教育的内容大为扩展，这主要表现在以下几个方面：

一是网络平台上承载的海量信息，更加全面地丰富了思想政治教育的内容，既使思想政治教育工作者在实施教育时具有更多的选择，也使学生在获得知识的过程中发挥自主选择性；二是网络在现代网络与通信技术中将信息变成全球共享，这对于克服以往思想政治教育中知识信息量少而言具有关键意义，同时由于网络空间的无限延展性，教育覆盖面也随之大大增加；三是网络传播信息的即时性特点，使得丰富的教育资源和信息能够得到实时更新，思想政治教育工作者可以在较短时间内掌握新鲜、及时的信息，克服其他传统途径获取信息滞后性的缺点，同时也能及时地掌握学生的思想动态，充分体现了思想政治教育的时代性要求；四是网络多种多样的信息传播方式，能将教育内容以多样化、立体化、动态化、可视化等效果加以展示，使得原本抽象单调的教育内容以多种形式展示出来，增强了思想政治教育的表现方式。毕竟，人们对于信息的接受绝大部分是依靠感官视觉来实现的，网络有助于教育内容形成强烈的视觉冲击，给人留下深刻的印象。

在网络构建的虚拟空间中，真实世界与虚拟世界的边界变得模糊，人们的社会交往掩盖了性别、职业、年龄、身份等基本特征，出现一种平面化的自由平等交往方式。这样，人们彼此之间减少了心理顾虑，拉近相互的心理距离。更重要的是，网络空间的虚拟化、符号化能降低人的防范意识，使大学生能够在其中倾吐自己的烦闷、苦恼、困惑与迷茫。利用网络平台，思想政治教育活动的双方可以进行真实的心灵交流，刺激学生大胆地畅所欲言，教育者就能及时全面地掌握大学生的真实想法，并采取具有针对性的辅导措施，势必会收到一般思想政治教育方式难以取得的时效。

（四）增强高校思想政治教育的亲和力

1. 网络技术为高校网络思想政治教育搭建更具亲近感的平台

承载于网络之上的高校网络思想政治教育可以通过QQ、微信等即时通讯工具实现即时传播和交流互动，进行思想和情感的交流；也能够通过快手、抖音、钉钉等平台实现远距离网课直播，突破传统上课方式的时空限制和教师"单向输入"的枯燥无趣，学生主体地位能够得到一定程度的彰显，从而形成亲近、和谐的师生关系；通过网络进行信息传播能够营造一种轻松、自由的环境，高校在网络环境中开展思想政治教育，能够吸引学生的注意力，提高点击率，推动高校网络思想政治教育的生活化、亲民化，增强亲和力。

2. 大数据分析为高校网络思想政治教育提供更具精准化的推送

大数据如今是众人瞩目的焦点。高校网络思想政治教育在每一次网络教育实践过程中都可以收集到每一个教育对象在上课、作业、教学互动等过程中的数据信息，也可以捕捉到学生通过网络进行自我教育的过程所浏览的教育内容、媒介形式、网站、客户端等微观数据信息，还能够了解不同性别、不同年级、不同学历学生在接受教育过程中的个体差异的信息数据，通过对这些数据信息进行整理、采编、整理、统计和分析，可以相应地革新教师教育模式，优化教育内容，有针对性地选择教育网站、媒介形式等，从而为学生提供个性化的思想政治教育服务。个性化的高校网络思想政治教育能够更精确地把握教育对象的真实需求，实施精准思政，从而增加高校学生在接受网络思想政治教育过程中的悦纳感、满足感。

3. 网络技术为高校网络思想政治教育提供更具人情味的互动

网络打破了传统思想政治教育面对面实践的时空限制，也打破了面对面教育过程中相对僵硬、死板的教育氛围。在网络技术的支撑下，教育者与教育对象不必直接面对面交流，甚至由于网络具有匿名性，教育双方彼此作为"陌生人"而存在，这种状态下教育双方的互动更具平等性、自由性和开放性，能够有效降低教育对象的恐惧、紧张和抵触心理，增强教育双方的情感互动，从而形成良性的更具人情味的师生互动关系。

4. 网络流行文化为高校网络思想政治教育营造更具温情化的情境

网络流行文化是在网络中盛行的，为广大网民所推崇的思想观念、生活理念、情感态度与价值观等，其中不乏与社会主流价值观相一致、积极向上的观念、观点，它具有趣味性、娱乐性、虚拟性、开放性、多元性、知识性、更新快等特征，其所指向的意义是基本确定的，它代表着时尚、年轻、潮流。而当代大学生对网络流行文化的产生、发展等起着重要作用，且是网络流行文化的积极践行者。高校网络思想政治教育以网络为载体，在这一过程中可以借助积极向上的网络流行文化开展思想政治教育，将教育对象备受推崇的思想观念、生活理念情感态度与价值观等与社会主义核心价值观、社会主流思想相一致的网络流行文化纳入教育内容体系，将喜闻乐见的有正向引领意义的网络表情包、网络流行词、网络游戏、网络歌曲等恰当地融入思想政治教育中，让学生想学、爱学、乐学，在愉悦、舒适的网络环境中自觉接受思想政治教育。

5. 高校思想政治教育者的"亲和力意识"与日俱增

这里的亲和力意识即思想政治教育者在开展教育活动的过程中主动营造具有亲和力的教育氛围，以吸引受教育者积极参与教育互动、接纳教育信息和感染受教育者的意识。思想政治教育者逐步意识到增强思想政治教育亲和力问题的重要性，并在理论研究和实践探索两个方面均取得了一定的成效。在此基础上，高校思想政治教育者从政治素质、人格素质、理论素质、内容安排、平台创设等诸多方面同时发力，为高校网络思想政治教育亲和力提升工作奠定了良好的基础。

（五）充实高校思想政治教育的内容

提到传统的思想政治教育，人们首先可能就会联想到枯燥的理论知识，而网络时代赋予思想政治教育的内容鲜活的"生命"，使其更加细微更加生动。网络传播是一个高度开放化、自由化的传播系统，我们可以随时随地接收来自世界各地的信息。这些信息既可以原创又可以转载，几句简短的话语、一张图片、一段视频都可能成为思想政治教育的素材。我们身边处处是课堂，互联网的兴起极大地丰富了人们的信息来源，为思想政治教育注入生机与活力。

1. 网络新闻充实了思想政治教育的内容

简单来说，所谓网络新闻是指在互联网上发布与传播的各类新闻信息的总称。网络新闻因为互联网巨大的容纳与存储功能，它可以从横向与纵向两个维度集纳信息，使其报道内容极其广泛和丰富。首先，网络新闻可以横向集纳信息。在同一时间点上，网络可以不断提供来自世界各地的信息，形成一个庞大的信息源，为受众提供最丰富、最广泛的瞬时信息。其次，网络新闻可以纵向集纳信息。随着时间的推移，新闻会失去实效性而成为历史，互联网可以方便信息的分类、归纳和整理，将信息保留和存储，以便日后检索和查询。目前，手机互联网的发展势头强劲，很多高校都在自己的手机里下载新闻客户端（APP）。

2. 网络出版物充实了思想政治教育的内容

20世纪末到21世纪初，随着互联网的迅速发展，信息的发布形式逐渐发生变化，新的传播方式浮出水面。网络出版是随着互联网的普及而产生的一种全新的信息传播方式，其信息的收集、整理、传输方便快捷，数据库资源丰富，与传统的出版形式相比，具有显而易见的优势。传播者可以借助网络传播的便利条件，在网上发掘更为广阔的稿源，同时可以缩短出版的时间。在网络出版物上，图文、声像与动画俱全，能给受众提供全方位、多层次、立体化的信息，传播的效果也更加生动逼真。这些网络出版物涉及的领域方方面面，是虚拟的、没有围墙的图书馆，可以为思想政治教育提供丰富的素材，不断充实思想政治教育的内容，使思想政治教育工作能够更好地开展。

3. 网络教育充实了思想政治教育的内容

网络时代，教育资源可以短时间内迅速汇集，内容极其丰富。除此之外，传统教育本着尽量使"一个尺寸适应所有人"，而互联网可以满足我们个性化需求，我们通过对大数据的分析，使个性化定制学习成为可能。网络时代我们通过慕课（MOOC 大规模开放在线课程）打破地域的限制，获取自己所感兴趣的课程资源，同时在网络时代思想政治教育者可以分析学生电子作业，通过数据的整合，了解学生的学习状况。通过学生对网页浏览记录和网上参与的活动进行分析总结，能更好地掌握学生的动态，了解他们的日常生活，对其进行更具针对性的教育。

四、网络背景下高校思想政治教育发展的挑战

（一）冲击大学生的价值观

大学生是思维活跃、朝气蓬勃的一个社会群体，他们对时代具有敏锐的感知能力。尤其是现今"00 后"的大学生，具有一定的批判意识和反叛性格，导致传统的大学生思想政治教育难以满足他们的需求。在网络时代，大学生思想政治教育工作的首要挑战是大学生的价值观问题。

大学生需要丰富多样的正面信息，以帮助其树立正确的价值观，同样也需要有一定负面信息的存在，使其对现实社会具有全面的认知。在网络时代，网络上存在的大量负面信息呈现出传播迅速、影响广泛、难以控制等态势，给大学生思想政治教育带来严峻考验。各种负面新闻、片面报道充斥网络空间，时刻在挑战大学生的道德标准，同时也在削弱大学生思想政治教育的效果。不得不承认，近年来社会上出现的负面报道越来越多，而网络技术的出现更使得此类信息的传播畅通无阻。去年里约奥运会期间热议的某明星离婚事件，原本纯属复杂娱乐圈的常见现象，但却成功引起了包括大学生在内的社会广泛关注，其风头甚至盖过了中国女排夺冠这样振奋人心、充满正能量的事件。所以，网络的传播力量带动良莠不齐的海量信息，造成了人们思想观念的混乱。因此，当思想政治教育活动正在对大学生进行三观引导的时候，不能忽视网络传播信息的影响力，这无疑给大学生思想政治教育的舆论引导增加了难度，为改进和提升思想政治教育的实效敲响了警钟。

（二）冲击思想政治教育内容的权威性

网络环境下，思想政治教育内容的传播方式更具多样性、内容更具海量性、传播速度更具快捷性，而媒体作为我国思想政治教育工作的重要"发声器"，在整个高校思想政治教育活动中发挥着重要作用，为此借助媒体融合优势来推动思想政治教育内容传播更是势在必行。但是，当前随着"泛信息化"现象的出现，

各种非主流意识形态充斥校园，社会主义意识形态话语体系和阵地建设面临多重压力，思想政治教育内容的权威性不断受到挑战。其主要体现在以下两个方面：一方面，媒体融合发展所实现的"一次采集，多元生成"的信息生产方式虽拓展了思想政治教育内容的传播场域和传播平台，但也增加了信息管控的难度。不免使得"低幼化""娱乐化"等不良思想观念通过媒体平台生产、下载、共享涌入高校，加剧了不良信息的影响。加之大学生目前尚处于世界观、人生观和价值观形成和稳定时期，对于一些非主流价值观的识别能力较弱，容易在纷繁复杂的网络世界中迷失自我，受到不良价值观念的影响，弱化正确的思想政治教育内容的影响。另一方面，媒体融合发展事关我国意识形态安全。中西方意识形态之间的斗争从未停止，媒体融合发展使得信息传播形态更具多样性，这也为西方国家意识形态渗透提供了可乘之机，无疑增加了信息的不可控性，如不加防范，必将影响大学生对思想政治教育内容的认同度，对意识形态安全构成威胁。

（三）削弱思想政治教育的实效性

首先，网络环境为人的实践活动提供了一个全新的虚拟空间，丰富了人类的活动内容，拓展了人类的活动空间。虚拟网络社区中的人际交往呈现出从公共领域转向私人领域的趋势。匿名性的虚拟网络交往可以促生隐蔽的人际交往。而人际交往的隐蔽性则容易诱发现实中以身份为依托的交往过程中形成的责任和道德规范在虚拟网络环境中的失效，网络行为方式失去有效的规范和制约，又会催生人的自然本性，引发更多的关联性个人或社会问题。网络的虚拟性、开放性和交互性扩展了大学生的人际沟通渠道，改变了青少年的娱乐方式，电子交往和电子娱乐也对人的自制与自律品质提出更高要求。虚拟环境作为新生事物，为人们放纵自我提供了可能。例如在高校大学生中普遍存在的沉迷网络游戏的现象就是如此。部分高校大学生沉迷于虚拟世界或网络游戏，在荒废了学业的同时也荒废了自我能力的提升，荒废了自我心灵的完善。然而，人是现实的客观存在，不可能离开现实世界而虚拟存在，依然会受到现实中社会规则的约束。当虚拟环境所形成的人格特征与现实环境中的社会规则产生矛盾时，高校大学生很容易因此而产生逃避现实或反现实的错误心理和行为。

其次，由于网络的隐匿性特征，网络环境中人的姓名、年龄、性别、地位、种族等都被隐藏起来，使人们具有安全感，可以减少不必要的麻烦和担心，使得人与人之间的交往更加肆无忌惮。在这里，没有权威和平民，没有领导者和被领导者，没有监督与被监督，只有倾诉者和倾听者，现实生活中的各种情绪，都可以在网络中毫无限制地释放,尤其是一些现实生活中无法宣泄的情绪得以倾诉,充斥于网络环境的各种信息之中,带有强烈的个人价值判断色彩。更有甚者,出于经济利益、情绪发泄、价值观差异等各种千奇百怪的原因,刻意制造各种虚假信息在网络中散布,唯恐天下不乱。这不但危害网络中的个人,也危害整体的社会稳定和谐。

网络环境中的各类不良信息很容易被高校大学生获得,对其思想观念产生负面影响。当网络环境中的信息与思想政治教育所需要的信息在性质和价值观念上保持一致或互补时,思想政治教育的效果就可以得到强化;反之,思想政治教育的效果就可能被弱化。网络空间已经成为青少年成长中密不可分的一部分,如果马克思主义不去占领,各种非马克思主义、反马克思主义的东西就会占领。因此,我们要主动出击,积极抢占这个平台,抢占这个阵地,牢牢把握正确导向,使网络环境成为开展思想政治教育的一个新平台、新阵地。

(四)要求更完善的网络监管机制

1. 教育对象隐私保护不严密

大数据时代的到来将我们带入信息网络世界,数据将我们包围,我们的基本信息也都可以以量化数字的形式出现,以更加直观的形式出现在网络之中,进入大众视野。大数据时代思想政治教育想要创新,离不开大数据技术的使用,而在使用过程中需要收集学生的大量数据,其中包括个人基本信息、个人喜好等,但是一旦管理不严格出现问题就会造成数据的泄漏,而这会为学生带来严重的身心伤害,损失不可预估。近些年来大学生信息泄露事件频发,2018年9月,位于江苏靖江的常州大学怀德学院发生大规模学生信息泄漏事件,是被企业用于偷逃税款。被不法企业非法盗用信息的学生人数超过2600名,信息被企业非法利用,江苏宏鑫公司自证没有通过黑客手段攻击学校网络获取学院内部信息,拒绝回答数据的具体来源。就此事件不难看出个人的基本信息泄漏,被有意图的人利用,则会影响个人日后发展。

类似这种事件还有很多,随着网络科技的不断进步,利用网络恶意非法攻击和非法获取他人信息已经成为我们必须要面对的新问题。校园中学生日常用得最多的就是校园卡,其中记载着学生的基本信息、出入校园记录、图书馆借阅记录、日常饮食消费记录等,便于教师全面了解学生,及时发现学生问题,并且帮助学生解决问题。但如果对数据管控不严,学生隐私被窃取将会产生严重的后果,其中出现信息泄漏的原因包括对大数据技术的不熟练,以及针对大数据运用过程的管控不严格。还有可能是学校对学生数据的不重视甚至是教师素养不过关，都会导致学生数据信息泄漏，出现隐私泄漏问题，从而引起学生恐慌。此外，学生为避免被人窥探，会发布一些虚假信息，但这样一来使得面对海量信息本就难以筛选的工作又增添了不小的工作量。甚至会使教育者根据错误信息对学生作出误判，错误的引导教师教育教学工作。

2. 网络隐私监管机制不健全

信息化时代的迅速发展，使我们每一个个体都能成为传播的主体，其中真假信息相互掺杂，拓宽了信息传播的途径，同时也加大了信息的碎片化。致使数据处理难度较大，机制体制跟不上，也就会出现数据泄漏和技术困难等问题，而我国对网络大数据方面法律还不够健全，对数据的挖掘和处理边界不清晰，致使非法利用隐私现象严重，教育工作者的研究范畴和权限不明确，损耗了教育者的信息化积极性。思想政治教育利用网络大数据陷入伦理之争。由于各个部门权限不明确，造成学生信息丢失和滥用，成为思想政治教育现代化的阻碍，缺乏对数据信息的管控，没有将学生信息合理地进行系统化管理，教育资源与数据资源整合迟缓，缺乏对数据的有效利用，长此以往阻碍思想政治教育的信息化，教育主体应用有效数据成为困难，容易陷入"唯数据"的错误方向。也会因为数据的管理交叉边界不明朗和数据开发过程不严密导致数据泄漏，学生隐私被盗取，不利于学生的价值观教育，甚至会影响学生的身心健康，同时也增加了教育者的工作量。一系列的管理问题都会给思想政治教育带来诸多困境，因此国家应完善有关网络数据保护的法律法规，学校需要建立一支专业化的团队和一套严密的制度体系，避免管理上存在漏洞导致数据泄漏、丢失等问题出现。

3. 相关教育网络大数据规划制度不完善

一个新兴事物的出现都会伴随着相关法律和制度的建立，网络大数据的问世出现关于隐私话题的讨论，因此急需加强网络安全和出台相关法律，大数据一经出现立刻进入各个行业，推动各个行业打造自己的核心竞争力，但相关法律的制定相对滞后。大数据逐渐引入教育当中，但相关制度没有建立起来，很多权责也就不明晰，界限不清楚。教育的内容和大数据的资源整合不到位，同时也会出现因监管不严导致学生隐私被泄露的风险。"数据买卖"成为大数据管控的一项重要任务，国内曾出现过公司向学校购买学生信息以便自己逃税漏税，也是因当时各项监管机制不到位让不法分子钻了空子。网络大数据要运用到思想政治教育当中势必会贯穿到学生生活的各个领域当中。

例如，学生的网页浏览、支付记录等都会成为大数据的调查对象，这些也涉及学生的部分隐私，相关制度规章的不健全就会使网络数据信息的管控权责不明，进而造成数据泄露。此外，网络时代的到来对于教育而言是一个非常难得的机遇，有利于思想政治教育在大数据的技术支撑下实现创新。网络大数据运用到教育当中也是非常长的一个流程，从数据的采集到数据的整理，再到数据分析和预测，每一个环节都需要严格把控，否则就会使数据丧失效用。在将教育资源与网络大数据相将结合的过程中，各个环节都需要相关制度的管控，否则会出现信息处理滞后，数据丧失价值的情况。

（五）挑战思想政治教育者综合能力

1. 对思想政治教育者政治素养的挑战

思想政治教育者在共享信息时，面临着良莠不齐的信息，需要作出正确的判断和选择。网络带给人们极大便利的同时，出现的种种问题对思想教育工作者的素养提出挑战。在信息的快速更新和快餐文化的浸染中，很多思想政治教育者变得浮躁。有些教育者认为思想政治教育是务虚的学问，既没有什么实际的价值，也没有实际效用。因此一部分人抱着应付的态度对待本职工作，不思进取，缺乏使命感和责任感。

思想政治教育者应该时刻保持清醒，不能拿一时一事的得失来判断思想政治教育工作的价值。思想政治教育者更不能因网络传播带来一些负面问题而否定思想政治教育的积极作用。教育工作者应坚持正确的立场和方向，坚定共产主义的理想和信仰，时刻保持良好的政治品质和踏实的工作作风。

2. 对思想政治教育者媒介素养的挑战

在高校思想政治教育的创新发展过程中，部分高校的思想政治教育者存在对媒介理论知识与不同媒介的不同特点掌握不到位的问题，更没有对依托全媒体开展隐性教育的能力。部分年龄偏大的教育者，在思想政治教育活动过程中仍然采取传统的授课模式，甚至有部分教育者存在教育理念落后、授课内容过时的现象，更不必说将优质内容与新媒体技术相结合，将传统教育模式与当前先进教育模式相融合，实现教育模式的兼容并蓄，共同发展。同时，随着全媒体时代的到来，更多教育者拥有知识、信息的优势地位明显下降，当他们在面对受教育者已经知道或了解到的知识，时常出现自己浑然不知或尚未了解的尴尬局面；又或者对当下大学生网络术语以及思维模式的不够了解而使自己逐渐被边缘化，这也无形中削弱了思想政治教育者的话语权威和主导作用，思想政治教育传统育人功能也因此受到巨大挑战。虽然，部分教育者在思想政治教育过程中也存在使用媒介技术的现象，但大部分教育者也仅仅是将媒介的多样化传播手段视为思想政治教育工作的一种工具，并没有将媒介素养本身视作一种素质教育，进而更好地提升自身的综合素养。而教育者之所以出现媒介素养意识薄弱与媒介素养能力较低的问题，主要原因有以下几点。

第一，教育者媒介素养的内容体系缺乏针对性。在信息爆炸式传播的全媒体时代，部分教育者对媒介专业知识与相关理论的学习与研究不够深入，对媒介缺乏一定的关注度与敏感度，对信息内容的了解相对缺乏，媒介应用能力相对较弱，教育者更多的只是被动地接受与传播，并未将自己的教育工作与媒介素养教育有效结合，形成统一的整体。

第二，媒介素养教育的管理与协调机制不完善。教育者的媒介素养提升与学校以及教育部等相关部门的支持与合作是密不可分的，学校、社会以及相关教育机构、部门都是教育者媒介素养提升的重要因素，对教育者的媒介素养的培育与整体发展都具有重要的作用，部分高校与管理者在媒介素养教育体系建设中，缺乏切实可行的文件与方案，在实施教学过程中缺乏有效的指导，并且在组织课程教学与课后反馈评价体系中，关于媒介素养的内容有一定空缺，关于媒介素养的课程规划与治理体系也存在不足。

第三，一部分高校虽然在媒介硬件设施的完善上做了很大努力，但在资源的合理化配置以及与校外有效资源的应用上都相对较弱。因此，学校有关部门要加强部门之间的协调与配合，加强资源的合理化配置与应用，出台相关政策，做到精细化管理，完善教育者培养体系。

3. 对思想政治教育者知识素养的挑战

知识是人们在实践中认识客观世界的成果。每个人的知识不是单一的，而是由多个方面组成。教育主体所具备的知识水平影响对相关信息的理解和把握程度。一般来说，知识丰富和知识结构合理的传播者对信息的把握相对比较到位，能对信息进行科学的判断、解读，把关的过程也更加的严谨、高效。这样传播的内容更容易被受众所认可，进而有利于内容的贯彻执行，达到预期的效果。而知识水平较低和知识结构不合理的思想政治教育传播者，往往面对纷繁复杂的信息感到束手无策，无法准确地把握信息，传播的信息的典型性、生动性不足。若思想政治教育者知识水平不足，往往传播的信息容易受到受众的质疑。这种不信任所带来传播效果无疑是不会令人满意的。

网络时代，我们要求思想政治教育者的知识结构不仅"广博"而且"精深"。首先，当今社会信息无处不在，这要求思想政治教育者对各方面信息都有所了解，例如音乐、体育、美术、电影、文学等。拥有广博的知识有利于我们在与受众交流的过程中找到更多的共同语言，拉近彼此的距离。拥有广博的知识便于把教育工作寓于各项活动里，避免了理论的枯燥乏味，从而使教育对象在汲取知识的同时，其思想得到升华。其次，网络时代，思想政治教育者需要利用互联网获取相关信息并对信息进行筛选，通过多种形式传递给受教育者。完成这项工作的前提是教育者应熟练掌握互联网相关技术。我们的教学方式因互联网的发展而变化，通过网络媒介融合多种媒体的优势传播思想政治教育的内容。但网络时代我们还应清醒地认识到，网络仅是一种手段，手段是为了获得更好的效果。网络时代，知识因"广博"而更应"精深"，这对教育者的专业知识扎实程度提出更高的要求。

4. 对教育者教育信息化能力的挑战

在这个信息化的时代，网络也越来越成为教学当中必不可少的工具，为教育教学改革创新提供了机遇，有利于增添课程吸引力，提升教学质量。大数据时代各行各业都争先恐后的应用研究大数据技术，致力于提升自己的核心竞争力。与此同时高校的思想政治教育也在逐渐引入大数据技术，提升思想政治教育的实效性。网络教学资源具有复杂性、多样性等特点，对于教育者的要求比较高，需要教育者对于大数据技术有一定程度的掌握，能够甄别真假数据信息，处理学生数据，并且通过对数据的分析全面了解学生，针对学生思想行为状况提出有针对性的教学方案。教育者也要学习智能化设备，高校学生思想比较活跃，接受事物速度快，但缺乏系统性，需要教育者利用学生碎片化时间进行稳定教育，让学生在网络中潜移默化地接受教育。例如，利用微信群组推荐学习信息和重大新闻事件，建立公众号实时推送学习资讯，形成线上线下相结合的教育模式。

目前来说，大数据在思想政治教育当中的运用状况并不乐观，我国大多数的高校思想政治教育工作者还没有意识到将信息化引入教育当中的重要性。思想政治教育是一种人文关怀较为浓郁的学科，研究方法很多都是对学生的调查，然而现在思政工作者大部分还是采取较为传统的调查方法，比如采取调查问卷、访谈法、观察法等针对学生心理、思想和行为进行了解。但这些传统方法具有一定的局限性，对部分样本的调查不如利用大数据能够展示全部学生的信息。大数据分析更能便于研究者从整体的角度出发，全面地了解学生，不仅提升了思政工作者的研究效率，更好地应用于实践，还能利用生动形象的数字图表辅助枯燥的理论知识，帮助学生提高学习兴趣，减轻思政工作者负担。因此，实现思想政治教育现代化发展需要教育者转变教育观念向信息化迈进，努力提升自己的信息化能力和水平，为思政教育增添教育资源，提升思想政治教育实效。

（六）要求高校完善媒介素养教育

当前我国部分大学生群体因为缺乏对西方媒体性质的正确认识以及受到西方某些不良价值理念的渲染与蛊惑，从而片面认为西方所宣扬的"普世价值"就是客观、正确的，甚至出现盲目崇拜、大肆宣扬的现象。缺乏媒介认识与信息辨别能力的大学生在长期接触此类消极负面价值观念的媒介信息时，他们的政治信仰、道德观念以及法制观念都会受到潜移默化的侵蚀，在这种情况下，他们的精神家园会逐渐崩塌，会出现迷失自我、盲目跟从，甚至走上犯罪的道路。同时，我们也要看到，在对外开放与市场经济发展迅速的背景之下，在媒介多样化、自由化的状态之下，一些大学生存在社会责任感缺失、价值取向偏离以及心理状态扭曲等严重问题，需要对其进行正确的指导与教育，高校思想政治教育亟待进一步加强与规范。此外，大学生在复杂的传播环境中，受这种交往环境的影响，内在心理需求会发生相应变化，并通过网络这种虚拟空间去满足他们的心理需求，这也就导致了他们在这一过程中产生复杂的心理矛盾，从而出现一些心理问题或患上部分心理疾病。例如大学生因为对外部世界充满好奇与渴望，希望通过一定的方法来获得希望与力量，获得认同，释放自己现实成长环境中的压力。而网络这个虚拟世界就可以为大学生提供这样一个满足自身需求的平台，他们可以在这里畅所欲言，不必担心自己的言论与世俗的偏见，或沉迷于网络游戏这个精神避难所，享受网络聊天带来的满足感。网络也可以满足大学生的好奇心，他们在网络世界漫无目的地游走，刷一条新闻看一会直播，满足自己的猎奇心理，当然，也有一些大学生因为在现实生活中很难找到自己的价值，很难获得他人的认同，会选择网上冲浪的方式来获得一时的满足与自由。这些都是大学生客观存在的心理需求，我们在看到媒介带给他们满足感的同时，更要思考这种需求是否正确，是否合理，是不是健康积极的心理需求。大学生之所以出现上述现象与问题，主要是因为自身媒介素养薄弱，缺乏有效的媒介素养教育，具体原因包括以下几点。

1.部分高校或教育者不重视大学生媒介素养教育

高校教育者对自身主体的认识，是媒介素养提升的前提，而在部分教育者心中对媒介素养的认识仅停留在一些教学过程中 PPT 的使用，视频、音频的播放，甚至有些年长的教育者的教育理念更加落后，依然使用"我讲你听""满堂灌"的形式，并没有真正去认识媒介素养的重要性，面对多元化的媒介技术、传播渠道以及内容与方式的变化，采取避而不见的方式或者消极应对，长此以往，教育者对待媒介的态度就愈加消极，进而影响到大学生对媒介素养教育的态度与认知，他们可能会产生消极的、厌烦的情绪，而不是端正态度，积极主动去认识、了解、学习媒介素养知识，关注相关信息，参与和媒介素养教育有关的实践活动。

2. 缺乏有效的媒介素养系列课程与平台

当前，就媒介素养教育的具体实践而言，很多高校的媒介素养教育基本处于摸索阶段，尤其在媒介素养教育的课程设置方面，除了一些诸如传媒学院开设的传媒信息教育、现代教育技术等相关课程有一些涉及，大部分高校还未形成较为完整的学科体系或课程体系，因此，它的基本受众较为局限，尤其媒介素养教育课程的设置与应用范围依然是较为保守的，这就导致了部分大学生的媒介素养意识并不高，对媒介素养的认识也是较为浅薄的。所以，在全媒体时代高校思想政治教育创新发展过程中，更应该将媒介素养教育融合进思想政治教育的理论课堂学习内容中去。

媒介素养教育需要实践交流的平台，而部分学校对媒介素养教育平台的搭建，缺乏针对性与创新性，平台形式单一，以活动组织交流居多，学习效果并不明显。同时，部分学校的媒介素养教育内容与资源并未积极利用全媒体传播平台优势，进行有效的传播，也未形成多样化的媒介素养资源的分享平台，不利于全方位的交流与学习。

（七）挑战高校数据信息采集与整合能力

大数据越来越成为社会各界研究和应用的热点，对于高校教育而言也提供了一个全新的机遇，而对于思想政治教育这个人文关怀浓厚的学科来说，与数字化结合无疑是个很大的挑战。由于这种非理性向理性的转变，很容易陷入"唯数据"的错误理念当中，换句话说，也就是在思想政治教育当中，盲目地、完全地依靠数据会丧失思政学科本身的亲和力，不利于思想政治教育创新。

在思想政治教育与大数据结合的初期必然会存在很多的问题，盲目地利用数据对大学生进行教育，不利于教育效果的实现。大数据的数据体量巨大，信息包罗万象，真假信息极难分辨，在庞大的数据中价值密度低，如果教育数据技术不过关，很难选取有价值的信息，这对教育者的数据甄别能力有所要求，选取何种信息关系教育的实效。其中会有部分学生发布、传播虚假信息，比如一些不愿意袒露心声的学生，会在网上留下一些虚假信息来掩盖自己的真实信息，还有一些个性较为张扬的学生会为了寻求关注，发表一些不符合自己实际的虚假信息。甚至是学生的某一阶段的思想变化使得信息数据发生异常变化，例如大数据会根据大学生的消费情况来了解学生的日常生活实际，某学生由于减肥而不吃晚饭，大数据可能会对学生造成错误预判，认为学生生活出现困难需要师生帮助，在这种情况下，教育者无法对信息数据进行甄别充分挖掘数据背后的价值，从而根据数据作出正确的判断。

大数据的应用让我们可以全方位地了解学生，对学生行为进行预判，根据预测数据得出教育方案，提升思想政治教育效果，但如果管理者过分注重数据，利用数据的表象来了解学生，则会陷入误区，丢失传统思想政治教育的亲和力，使教育与数据结合过于生硬，出现二者融合程度不够现象。

将大数据技术引入思想政治教育当中，对教育教学以及学生的数据收集是基础性工作，只有及时收集较多的有效数据，并且进行处理才能够实现数据的价值，更好的辅助教育，一旦数据的即时性不能保证，信息收集和处理都存在滞后，数据则毫无价值，直接影响到思政教学效果，主要原因如下。

1. 教育信息采集和处理滞后

（1）高校学科教育缺乏系统性

专业的不断细化，使学科之间交叉模糊，各个学科与思想政治理论课结合较少，出现分裂化现象，我国高等教育模式与大数据集中整合分析技术中间差距较大，这种分块化的教学模式影响了对学生数据的集中收集，也影响着思想政治教育的效果。将各个学科数据进行收集会耗费大量时间，程序相对复杂，再把收集到的数据统一处理分析，往往会因时间的延误导致数据失去价值。

（2）基础数据收集和授权困难

我国高等院校学生对于定量化分析思维不够，除专业学生以外，大部分学生对数据分析相关学科的学习大多停留在理论层面，学生在实践方面涉及不多，基础数据的收集比较困难，影响着对学生学习数据的获取和收集。其次是在收集数据过程中的授权问题，目前我国对于数据库的使用也有较大争议，一些重要的数据库都需要权限，且费用较高，学生独立获取权限很难，使得大数据与思想政治教育联合困难，需要国家的政策干预。

（3）大数据技术没有完全引入高校

大数据技术不够成熟，学生信息较为零散，数据信息收集起来相对困难，缺乏系统化的管理，由于团队建设不够完善，学生的数据收集呈现碎片化状态，将零散的数据进行整合需要很长时间，从中提炼出有用的价值信息应用到教育教学当中常常会出现滞后状态，影响思想政治教育效果。

2. 教育内容与大数据资源整合不到位

高校思想政治教育工作存在的最大问题就是实效性不强的问题，在感染力和教学效果上来讲需要提高，应该在思想政治教育整体的内容上出发，将所有教育资源都进行一个整合，再加入现代信息技术，实现对传统教育瓶颈的突破。

将教育内容切实与大数据资源整合起来，首先就要做到学校教育资源和家庭教育资源整合，让家长通过手机客户端等共享家庭教育信息，教育者利用课余零散时间与家长进行定时沟通，但这无疑是增添了家长和教育者的工作量，也会存在许多重复无效的数据，导致资源整合的实用性不强，也会浪费大量的人力物力。其次就是院系内部的资源整合，想要收集学生的数据信息就需要将学生各个学科的学习信息都收集在一起，许多高校内部院校师资配比不统一，教师资源不一致，很多专业设置比例不协调，这都会影响院系的教育资源整合。学生在上除专业课以外的其他课程时缺失数据统计，与大数据技术融合不够，使得大数据在思想政治教育中无的放矢。除此之外，我国"校校通"已经进入实施阶段，但实际中还不够完善，只是在中小学中实施教学的资源共享，其目标就是让学校以较低的成本获得优秀的教学资源和教学课程，实现校与校之间的资源共享。现在大学间的校际合作还并没有完全实现，无法实现资源共享，原因是一些学校之间教学资源差异较大，硬件设备不统一，平台对接存在困难，加之各校学生需求不同，对于数据挖掘的目标也不一致，合作起来确实存在较大困难，院校之间差距较大，存在标准和研究方向不一致的现象。层次较高的院校不愿将教育和学生资源进行共享，水平相对较低的院校则会出现无资源可用的现象，二者相结合是思想政治教育资源整合的困境。

第二节　网络背景下高校思想政治教育创新的路径

一、完善教育理念

在高校思想政治教育中要树立"生活教育"的理念，生活教育旨在教授学生生活常识，培养生活技能，提供能在生活中得以锻炼和实践的生活目标，最终促进个体与社会的幸福生活。生活教育是生命教育的现实化，两者共同丰富了道德教育的表现形式。在学生的生活行为、生活规范与生活情感三个方面，生活教育展现了自己的存在范畴。在我国著名的教育家陶行知先生看来，生活教育应该成为教育的重要方面，它涉及"生活即教育""社会即学校""教学做合一"等基本理念。可见，陶行知的生活教育思想与杜威的教育生活思想具有高度的一致性。

总体而言，社会生活的变化规定了教育的根本内容。在我们的大学生道德教育活动中，可以从如下两个方面探索生活教育的实现。

第一，贴近生活，开展主题化的道德教育。生活教育要求变革创新道德教育的内容与形式，着眼于个体与社会的紧密联系，将教学生活放置在社会生活的背景之下，把道德教育的课堂向外延伸，实现"小课堂"与"大社会"的互动。开展主题化的道德教育，使学生面向真实的道德情境进行道德判断，实现他们的学习与生活相通、教育与社会相容，尤其对于思维活跃的大学生而言，生活教育要重视发散性的创新思维，鼓励学生大胆表明自己的观点，多在讨论中思考，培养自身的理智批判与反思能力。同时，生活教育从实际生活出发，结合当代大学生的思想动态，深入学生的日常生活之中，潜移默化地将学生的好奇心理与求知欲望激发出来。道德教育若能走向生活教育的层面，必将会取得明显的实现。

第二，注重实践，激发学生的兴趣点与创造性。生活教育强调杜威所提倡的"从做中学"，这也是道德教育生活化的基本要求。根据学生的具体情境与个性差异，创设适于道德实践的情境，将教学融入日常生活之中，增强大学生道德行动的能力。为了给道德教育开辟实践平台，还可以组织学生走进社区进行道德训练，以参加志愿者服务活动等形式，丰富学生的社会阅历，充分锻炼他们关于道德行为的观察与判断能力。生活是道德教育的核心，也是道德教育的源泉，如此方能成就一个健全的社会道德个体。现实生活中，缺乏基本生存能力的大学生并不少见，试想若连基本的适应环境和社会生存能力都不具备的人，又如何进行理智的道德探究与反思呢？

二、更新教育方式

（一）改革思政教学模式

所谓思想政治教育要理论联系实际，指不能脱离教育对象所处的生活环境。当前我们正处于网络大潮中，思想政治教育活动顺利开展离不了网络密切配合。

1. 建立"立体化"的课堂教学新模式

网络时代思政教育手段多元，现代技术在教学过程中应用如同"锦上添花"。所谓"立体化"的课堂教学新模式是指，将传统的教学手段与现代化的多媒体手段相结合，将静态的电子教案与动态的课件相结合。思想政治教育者要充分发挥网络的作用，积极改进教学手段，开发网络课件，将微电影、纪录片等运用于教学，以生动活泼的方式将"三观教育"等教育内容展现在学习者面前，化枯燥为情趣、化不解为理解。教育者还可以在网上建立模拟空间，模拟情景进行道德教育，这种"贴近生活"的教学模式往往会比单纯的"说教"带来让人意想不到的效果。

2. 建立"互动式"的课外教学新模式

互联网给思想政治教育创造了崭新的环境。网络有助于拆掉学校内外看似无形却有形的围墙，打破了传统意义上学校与社会的界限。学习不再单单局限于学校、课堂，而是随时随地都可以接受新的知识。同时，互联网打破原有单一的"灌输式""说教式"教育模式，创立了主客体"互动式"平等关系。例如，我们可以把优质的师资资源转化为网络教育资源，邀请知名学者在互动社区开课，拓展学习的时空。还可以通过建立网上论坛，让教育者和受教育者一同参与，集思广益，出谋划策，把课堂上的师生互动延伸到课外，逐渐消除部分人对思想政治理论课的抵触心理。

3. 强化主体间的双向互动

教育教学活动不是一个单向灌输的过程，需要教育者和受教育者的双向互动。主体间的互动效果直接影响主体建设的科学化水平。互动效果好，主体双方则共向发展；互动效果差，主体建设就失去了意义。强化主体间的双向互动可以通过以下几种方式。

（1）扩大互动空间，丰富互动内容

当新媒体发展到一定程度，教育主体可以利用新媒体与受教育主体实现沟通与交流，传统教育模式将自行消亡。两大主体的互动空间就不再限于课堂，互动内容也摆脱了传统理论的桎梏。

首先，互动空间从课堂教育拓展至课外教育。互动空间的拓展意味着两大主体有了更多的互动时间，教育者应利用新媒体带来的时空优势，在思想政治理论课课堂教学之余，利用新闻资源和数据资源为受教育者带来积极的影响。有了一屏之隔，受教育者更愿意表达自己内心的观点。通过虚拟的社交平台反而更容易得到受教育者的真实想法，而这些信息在课堂上无法捕捉。教育者要充分把握这一资源优势，利用社交媒体，以平等的姿态与学生进行心灵的交流，并加以适当的引导。

其次，互动内容由学习互动发展到实践互动。提高认识的目的在于更好地开展实践活动，仅对受教育者进行理论知识传授的教学活动是不完整的，还要将理论知识传授与实践活动能力的培养结合起来。在此过程中，教师作为认识和实践的引导者要肩负起辅助者、推动者的责任，积极进行实践性教学，推动学生将所学知识化为行为准则。与此同时，教育者还要加强与受教育者的情感互动，增强受教育者对教师行为的认同，并主动规范自己的行为，达到知行统一的教育目的。

（2）转换互动方式，提高互动质量

首先，将师生互动与生生互动结合起来，共同激发受教育主体的能动性。一方面，师生互动是主体间互动的基本形式，但师生之间的互动不是单向问答，而是双向交流，相互促进，共同发展。另一方面，生生互动可以增强受教育主体的凝聚力，教育主体应为受教育者提供生生互动的空间和机会，引导受教育者团体协作，取长补短，共同完成学习任务。

其次，提高互动质量，激发教育主体的创造性。在主体间互动交流的过程中，互动的质量往往比互动的形式更值得重视。要提高主体间的互动质量，教育者应转变观念，树立结果导向理念，并切实设计有效方式，提升互动乐趣，从而使学生获得积极体验，使互动过程不再流于形式。

思想政治教育的过程不仅是书本知识的传递与学习，更是价值观念和政治立场的形成过程，是主体认识能力和实践能力提升的过程。在此过程中，教育者肩负着自我建设，引导受教育主体建设及加强与受教育主体交流合作的多重任务，应及时对主体建设科学化过程加以反思，并纠正自身的不足，确保高校思想政治教育主体建设顺利有效地开展。

（二）调整思政教育方法

1. 以交互化教育方式增强学生亲近感

在网络技术高度发达的今天，思想政治教育所面对的教育对象的自我意识、主体性和思维超越性等不断增强，他们愿意积极主动表达自己的情感、态度、价值观而非被动接受。因此，单向灌输的思想政治教育方式显然已经不合时宜了，其效果会大打折扣甚至引起反向对抗。这要求高校思想政治教育需通过各类网络平台建立教育者与教育对象之间的互动交流。高校网络思想政治教育要借助互联网传播技术形成动态的、交互性的思想政治教育新方法，在具体的高校网络思想政治教育实践过程中实现教育者与教育对象之间思想政治教育等的持续不断地相互作用与相互反馈，强化教育者与教育对象之间信息、知识、态度价值观的共在、共生与共享，达到思想的深层次交流、信息的广泛性互换，使"真理越辩越明，思想越辩越清"。为此，高校思想政治教育者需通过多种方式搭建起师生交流互动的平台，设置互动窗口，通过线上讨论、留言回复、直播聊天室解答、网上论坛等方式拓展师生交流渠道，营建民主、和谐、相互尊重的交流互动氛围，激发教育对象参与互动交流的自主性和直觉性，进而搭建起教育双方实现思想碰撞、心灵激荡的桥梁，构建具有亲和力的主客体关系。

2. 以精准化教育方式增强学生获得感

高校思想政治教育在网络中开展，教育实践更应该注重教育对象在精神层面的立体化、丰富化需求，以网络为基础，通过大数据技术收集与学生相关的一切数据，并使其联结成"数据库"，在此基础上通过大数据、云计算等技术深层次剖析教育对象的价值取向、精神追求、思想状况和行为习惯等，进而全面精准地把握教育对象的学习需求和倾向，精准地为教育对象推送其爱看、想看的思想政治教育信息，以此促进高校思想政治教育"信息供求"的生态变革，逐步推动高校思想政治教育信息供给与需求之间的动态平衡，满足学生不断增长的精神生活需求，以期达到不断增强教育对象的获得感、接纳感和亲近感的目标。此外，"大数据＋云计算"技术还有利于建立高校思想政治教育精准管理体系，这一管理体系有助于推动高校思想政治教育各类资源的有效运用和最优配置，减少重复无用的信息供给，避免有效教育信息的长期缺失，提高高校思想政治教育内容推送的有效性、准确性；实施精准网络思想政治教育也有助于建立高校思想政治教育的效果评估机制，有助于即时、精准地判断教育对象的学习成效和思想政治教育的成效，并适当地予以修正和补充，不断增强教育对象的获得感、教育过程的接纳感。

3. 以激励式教育方式增强学生体验感

简·麦戈尼格尔（Jane McGonigle）曾在其《游戏改变世界》书中说道："人们之所以喜欢游戏，原因之一是游戏能够及时地反馈玩家。一款好的游戏通过精致的设置，既有明确目标，也有可操作性步骤，并且能够及时作出反馈，让玩家体悟成就感、获得感、归属感[①]。"其中，游戏之所以能让人"上瘾"，就在于其精致设置、明确目标、操作可行和及时反馈，可将其称之为"游戏化机制"，借用到学习上来，可通过参考"游戏化机制"设置学习中的"激励化机制"，激发学生学习动力和体验感。例如："学习强国"APP中也设置了"激励式机制"，网友在"学习强国"APP上"刷分"时，可以通过看视频、读文章等诸多操作积累分数，这些分数可用于兑换商品，达到激励网民学习的目的，使学习成为一种"自成目的活动"（指自我激励、自我奖励的活动），从而在学习过程中体验到愉悦、满足的情感。同时，在"学习强国"上考试积分时，每道题目下面都设有学习"提示"，网友不会回答问题时可先浏览"提示"，学习"提示"后再答题，既掌握了

---

① 简·麦戈尼格尔. 游戏改变世界[M]. 闾佳，译. 杭州：浙江人民出版社，2012.

知识，又获得了积分，是"学习强国"学习平台"大激励机制"下的"小激励机制"，能够有效促进"玩家"努力学习积攒积分的积极性、主动性、趣味性。因此，高校思想政治教育者可以借鉴"学习强国"的学习激励机制与积分量化反馈，更新网络思想政治教育方式，设置积分兑换式的激励机制，为学生提供适当的激励、有效的反馈，并不断提供"有趣的障碍、更好的反馈和适应性更强的挑战"，唤起学生更多的学习动力和自豪体验，实现学生人人想学、人人爱学、人人可学、人人皆学、人人比学、人人赶学的新环境、新局面、新氛围，从而在这一过程中不断增强学生在教育过程中的体验感、获得感。

4. 以"显隐综合"方式增强学生悦纳感

思想政治教育既要有惊涛拍岸的声势，也要有润物无声的效果。这是说，思想政治教育既要以显性的方式打出"水花"，又要以隐形的方式育人以无形。网络的自由性、开放性使得网民在网络这一虚拟社会中具有极高的自主选择性，即他们有自由选择看什么和不看什么的权利，在这种境遇下，高校思想政治教育内容在诸多纷繁复杂信息中面临着"不被选择"的尴尬境地。因此，高校思想政治教育者除了要运用"惊涛拍岸"的显性教育方式，还需要辅之以隐性化教育方式，寓思想政治教育内容于无形当中。

显性教育是思想政治教育者通常愿意选取的方式，如政治理论教育法、榜样示范法等，其所传授的信息大多理论色彩普遍浓重。思想政治教育显性方法在传统思政教学中有着重要意义。

首先，通常来讲，思想政治教育显性方法对教育对象有直接作用。通常来说，人们只关注与自己切身利益密切相关的或内容生动富有吸引力的信息，对于思想政治教育内容的大多抱有"与自身无关"或"不感兴趣"的态度。显性教育可以公开彰显思政教育的相关信息，并将信息直接呈现在教育对象的面前，敦促他们去理解信息，这样有助于引导其参与到活动中，最终使他们接纳信息。这如同厂家精心安排的宣传广告，虽然大多数人不喜欢这些商业广告，但商业广告在媒体中不断重复播放，消费者在无意识的状态下让这些信息进入了自己的认知结构。其次，思政教育显性方法具有导向性。鲜明的导向功能是指在当今多元思想文化的激荡中，公开弘扬社会主义主流思想文化，抵制不良思想的侵蚀，引导思想文化的健康有序发展。最后，思政教育显性方法有快速反应功能。思政教育的一个重要功能就是传达党中央的最新精神，显性方法正好满足这一要求。这一方法有利于快速整合上级领导机关信息，通过正规的组织将信息传递给群众，帮助群众克服认识上的偏差，使人民群众的行为与党中央基本一致，维护社会稳定。

显性教育方法在当代思想政治教育中的作用显而易见，尤其是在相对封闭的环境下，受教育者对教育主体的依赖性较强，且面临信息单一、更新速度较慢的困境，这时显性教育效果尤为明显。但在复杂的网络环境中，教育对象主体意识增强，个性张扬，有时会对思想政治教育的部分内容表现出逆反心理，此时我们则不能继续采取单纯的显性教育模式，而应选择相对温和的隐性方式，规避逆反心理，潜移默化地影响教育对象，使隐性教育方式的作用得以彰显。教育者需熟知显、隐性教育的具体试用范围及其差异，以便在不同情景下自由"切换"。在思想政治理论教育、政治动员的造势、国家政策主张的贯彻执行等方面，显性教育具有明显的优势。隐性教育因其更容易让教育对象接受的浸润和弥散特点，在道德意识培育和价值观塑造等方面更具优势。网络时代我们在进行思政教育时，应将显、隐性教育统一起来，适时进行调节。在交融中达到思想政治教育最佳状态，使相关客体在信任中自觉采纳所教授的相关信息。

三、创新教育内容

（一）坚持方向性原则

方向性原则是思想政治教育的根本原则。就思想政治教育内容而言，思想政治教育内容要把政治性、思想性放在首位，才是对方向性原则的贯彻。因此，高校网络思想政治教育应该紧紧把握思想政治教育的方向性原则及教育内容的政治性、思想性。

首先，方向性原则要求教育内容必须体现政治性、思想性。高校网络思想政治教育的创新不能以弱化其政治性、思想性为代价。不管是传统思想政治教育实践还是对网络思想政治教育实践，政治性是思想政治教育安身立命的根本，意识形态的本质不能丢。网络在大学生中的全员普及和随时随地能够上网冲浪的便利性使得各种与主流意识形态相违背的信息在网络中的传播更加猖獗，且其在传播方法上更加隐蔽。正处于"拔节孕穗期"的大学生社会阅历尚不丰富，但与此同时他们也有着强烈的好奇心，在信息泛滥的网络空间中有时会被各种反主流价值观的信息所蒙蔽，缺乏必要的选择判断能力，思想很容易被非主流意识形态带偏，这使得在网络中保持思想政治教育的政治导向性、引导学生坚定政治信念更加困难，因而高校网络思想政治教育内容的方向性原则在任何时候都不可丢掉。

（二）增强内容的时代性

针对目前网络对高校思想政治教育的影响，只有坚持"内容为王"的理念，才能不断增强思想政治教育内容的可信力、感染力、影响力以及传播力，才能使思想政治教育更具"生命力"和活力。网络的发展创新了高校思想政治教育的教育教学形式，但不能离开教育内容谈教学形式和方法的改革探索，所以要不断增强思想政治教育内容的创新性。时代的发展赋予了教育内容更深层次的内涵，教育者在开展教育教学活动的过程中，应将教育内容与时代发展相衔接，不断增强思想政治教育的内容的创新性，形成与时俱进的教育内容体系。

第一，时代性意味着快。网络传播具有即时性的特征，以现代互联网技术+5G为支撑的网络传播能够实现信息传播的同步化，这也意味网络思想政治教育内容也能够实现即时传播、同步化传播。因此，教育者要把握时机，及时把能反映时代气息、时代特点的内容和各类党中央会议精神、政策部署等以及国际、国内时事热点纳入高校网络思想政治教育内容体系，让高校网络思想政治教育内容能常讲常新，以增强高校网络思想政治教育内容的鲜活性和时代性，让教育对象能够随时品尝"口味"新鲜、内容精湛的教育内容，保持对高校网络思想政治教育的新鲜感。

第二，时代性意味着新。高校思想政治教育者不仅要准确把握当前社会发展态势，还要能够准确预判未来社会前进的趋势，进而在对教育内容进行整合的过程中坚持吐故纳新、革故鼎新、破旧立新、守正创新，在坚持根本的教育内容不变的基础上增添具有国际视野和中国情怀的前瞻性教育内容，使高校网络思想政治教育的对象随时随地能够读出"新鲜感"、品出"新味道"、看出"新花样"，一改传统教育内容枯燥乏味的不足，让大学生爱看、想看、乐看，从而在这一过程中增强对理论的信任感、对知识的渴求感、对教育活动的亲近感。

第三，时代性意味着近。这里的近指与教育对象切身利益相贴近。当代大学生徜徉在网络世界，最关注和想了解的莫过于与个人发展密切相关的问题，如社会发展、就业前景、教育医疗、文化娱乐、体育赛事等诸多问题，这些问题同样是社会热点问题。对此，高校思想政治教育者要在与学生的深入交流中了解学生，在大数据分析中找准切入点，对教育对象密切关注和存在疑惑的社会问题站在马克思主义理论的高度进行有力度、有温度的回应和说明，最终使教育对象学有所乐、疑有正解、思有高度，从而愿意主动接受教育，认真浏览教育内容，践行社会主义核心价值观，进而主动亲近教育者，积极参与教育活动。

（三）确保内容的思想性与学理性

高校思想政治教育内容的创新必须确保思想政治教育内容的思想性和学理性。教育者在借助媒体开展教育教学活动的过程中，不仅应关注教育方式的创新，更应不断增强教育内容的思想性和学理性。强化大学生对理想信念、爱国主义以及正确价值观念等方面的认识，帮助大学生树立正确价值观念，厚植家国情怀，积极践行社会主义核心价值观，坚定理想信念，听党话，跟党走，自觉肩负起时代所赋予的历史使命。同时，在传播教育内容的过程中不应仅仅将党和国家的相关政策、文件以及理论成果传达给教育对象，而应立足于我国发展的实际情况，运用历史眼光和国际视野去分析相关理论，帮助教育对象充分理解教育内容，增强对教育内容的整体认识。

（四）培养自我教育意识

对大学生进行思想政治教育的目的，最终是要使他们实现自我教育，因此，大学生要树立自我教育的意识，将自己的奋斗目标当作一种精神信念，不断鼓舞和推动自己前进，以实现自身的价值。

1. 扎实学习科学文化知识

当今世界经济、政治、文化的激烈竞争，归根结底是人才的竞争。只有让我们国家中的每一位大学生都具有扎实的科学文化知识，我们的民族在世界上的竞争力才会更强，社会主义现代化建设的顺利推进才能更快。

而当代大学生作为实现中国梦的后备力量，对于科学文化知识的学习既是个人全面发展的体现，也是提升自我修养的需要。这里所说的科学文化知识包括科学知识和人文知识，大学生应将二者有机结合起来，培养自己良好的科学精神和人文精神，训练自己严谨的逻辑思维能力和丰富的想象能力，形成真正的优势互补。教师课堂45分钟的教学对大学生获取较为全面的知识来说是相对有限的，这就需要大学生利用好自己的节假日或课余时间通过广泛阅读来习得。

2. 加强大学生同辈群体间的沟通交流

在当代大学校园，由于考证热、过级热、就业难、学苗多等因素，大学生的学习压力比以往要大得多，如何去排解心中的忧愁，这就需要同辈群体的力量来发挥作用，可以找个知心的朋友谈心或与志同道合的同学倾诉，其实，当一个人在帮助关心他人时，自己也会受到教育，而且这是一种较为广泛且经常的自我教育，无疑这也是大学生内化自我精神信念的重要方法。寝室作为大学生在大学里的"家"，是学生栖息的港湾，每当夜幕降临时同寝室的成员都会举行"卧谈会"，大家诉说人生经历与奋斗目标，评价生活中的某些奇闻轶事，讨论国家最近发生的重大事件等，这种沟通交流相比较于课堂上中规中矩的发言来讲，不受任何束缚，可以自由进行，在成员间互动的过程中，学生的自我教育是在潜移默化中得以实现的，精神信念也是在不知不觉中被内化于心的。

3. 依托网络资源强化主流价值观舆论导向

网络时代拉近了大学生与世界的距离，网络日渐成为大学生生活中不可或缺的学习工具，高校应主动占领传播先进文化的主阵地，尤其是要把校园网建设成寓思想性、知识性、趣味性、服务性为一体的主流价值观网站，发挥好校园网对大学生进行引导教育的作用。

一是在网站内容建设上，要选取一些对大学生具有深刻启发意义的"经典"。例如：马列主义的经典著作；我国改革开放以来的成就；党和国家方针政策的专著或文件；有关感动中国年度人物的事迹；等等。让大学生通过上网学习来树立自我教育的意识，内化自己的精神信念。二是在网站形式的建设上，要充分利用现代媒体技术来设计版块和栏目，研发带有文字、声音与图像的超文本链接的电子教材，对大学生的视觉、听觉产生超立体声冲击，增强校园网的吸引力和感染力，使大学生拥有持久的精神动力，乐意到校园网来探讨和学习。三是在网站活动的建设上，不仅要多种形式，还应当适时推出评选或竞赛性的活动。例如学习党的十九大精神网上知识竞赛、校园网优秀原创博文评选等，并给予获奖学生表彰和奖励，进而促进校园网网站访问量不断攀升。

我国改革进入攻坚期和深水区，发展进入新阶段，在此情势下，大学生作为社会成员里的先进代表，作为实现中华民族伟大复兴中国梦的主力军，他们精神动力的观点正确与否，精神动力的力量是否持久强大，都关乎国家未来人才教育的发展方向乃至中国特色社会主义事业的发展进程。只有赢得大学生，才能赢得祖国和民族的未来。因此，如何培育大学生的精神动力就成了思想政治教育视域下亟须解决的问题。

四、创新表达方式

内容与形式是不可分割的。内容是形式的基础和前提，形式是内容的展示和触发作用。缺少形式的装饰，内容就难免千篇一律，显得枯燥和乏味，进而也就难以对受众产生吸引力。因此，在高校网络思想政治教育中，创新内容表达方式对促进教育内容亲和力非常重要。具体来说，创新内容表达应该从以下几方面入手。

（一）教育内容的数据化表达

依托于互联网的大数据与云计算技术能够对海量数据进行分布式数据挖掘，发现隐藏的深层次信息及其内部特征和规律，并以图表化的信息形式呈现出来。因此，高校网络思想政治教育可以依托大数据与云计算技术，实现教育内容的数据化表达，以图表、数据等形式呈现教育内容将有助于教育信息在网络世界海量信息中脱颖而出，吸引教育对象主动看、认真看，使教育内容能够入眼又入心，增进教育内容的吸引力和亲和力。

（二）教育内容的感性化表达

当前，以符号化与图像化为主要特点的感性视觉文化内容日渐为大众所青睐，与单纯的文字堆积相比，图片、视频、表情包等更具诱导人际传播与分享的吸引力，也更容易吸引眼球、博得关注、引发讨论。因此，高校网络思想政治教育内容要适当地以感性化形式呈现给教育对象，通过微视频、微电影、表情包、图片等形式实现教育内容的碎片化呈现、系统化收尾，兼顾教育对象的碎片化阅读习惯和教育内容的系统完整呈现，从而为增强教育内容的亲和力提供内生动力。

（三）教育内容的故事化表达

讲好中国故事、传播好中国声音是新时代党中央对宣传思想工作提出的新要求，而这一要求也适用于高校网络思想政治教育。

网络环境下，高校思想政治教育者可以通过教育内容的故事化叙事，传播高校网络思想政治内容。高校思想政治教育者通过运用马克思主义理论分析＋故事讲授的方式呈现教育内容，在开展党史、国史、改革开放史和社会主义发展史的"四史"教育中讲好党的故事、中国特色社会主义的故事、改革开放的故事，在保证教育内容的政治方向、价值引领和思想引导的前提下，以故事的生动性、情感性、趣味性吸引教育对象，以故事情境增强感染力，以故事的真实性增强论证说服力，进而增强教育的吸引力。

（四）教育内容的"深入浅出"化表达

当前，说到"撸起袖子加油干"[①]等"习言习语"时，人人都能听懂"习言习语"背后所表达的深层次含义。可见，教育内容的"深入浅出"化表达是提高教育内

[①] 习近平. 二〇一七年新年贺词 [DB/OL].http://opinion.people.com.cn/n1/2017/0101/c1003-28992472.html

容影响力、亲和力的重要环节。因此，高校思想政治教育者要注意教育内容的灵活表达，以马克思主义理论为根本，借用教育对象熟悉的"习言习语"、歇后语、典故、俗语等传播教育内容，辅之以丰富的修辞手法，能够增加教育内容的影响力、说服力、亲和力和感染力。

五、增强媒介素养

随着网络媒介覆盖面的极速扩大，互联网不仅影响着大学生的认知和心理状态，还反映并构建着现实的生活。网络时代对大学生的媒介素养、道德意识有更加具体、严格的标准。

1. 普及媒介基本知识和基本理论

媒介传递的信息可真可假，需仔细甄别。媒介组织或从业人员可能出于经济利益的考虑将未经核实的虚假信息传递给受众。也有一些媒介工作者，他们代表一定群体的利益，他们的报道自然也会受到该群体的影响。媒介信息在传播过程中也可能会经历多次的筛选、过滤和组合，传播者可根据自己的意图，对传播内容进行议程设置，将受众的目光吸引到他们希望了解的信息上。种种迹象表明，那些看似公正准确的信息可能带有很大的情感色彩。必须通过学习其涉及的相关内容，帮助高校学生更好地认识媒介信息。所以传授媒介的基本知识和基本理论势在必行。

认识媒介主要包括大众媒介发展的历史、具体分类及其特点，以及各种媒介在竞争中的优劣势。此外，还应该了解新闻学科的基础知识，例如新闻传播的基本规律等。并且我们应该将这些学科理论同现实进行有效的结合，了解它们与我们的政治、经济、文化、生活的关联性。例如不同的节目会有不同的特点，这种特点会锁住固定的受众群体，满足受众的某种爱好和需求。我们清楚地了解节目的特点，有助于受众正确判断节目的真实性。认识媒介信息也包括正确的认识广告。广告作为一种营销策略大多数情况下对该商品进行了美化，当我们了解到广告的实质，有助于我们科学地对待广告，作出我们合理正确的判断与选择，避免跟风，从而进一步完善我们的消费观和物质观。

媒介素养在帮助高校学生认识媒介信息的同时，还让他们了解到媒介信息的"生产流程"，只有在看到表象抓住根本的同时，才能使他们不被表面所迷惑，始终保持清醒的头脑和独立的判断力。

2. 提高对网络信息的判断力和监督力

在普及媒介相关知识的同时，应提高高校学生对网络内容的判断力和监督力。媒介批判能力属于更高层面的媒介素养，可以帮助人们克服群体压力和从众心理。媒介信息所传达的观点往往会影响社会舆论风向。为了不被媒介制造的虚假新闻所蒙蔽，提高网络信息的判断力和评估力显得更加重要。对于网络传播过程中充斥的大量负面信息，例如色情、暴力等不被社会所接纳的"负能量"，应该自觉远离，避免对自己产生恶劣的影响；对于一些重复、冗杂等能给受众带来困扰的信息，应该在纷繁复杂的内容中学会筛选，剔除无用信息，保留有用信息；对于当前有争议的信息，应该学会收集多方面的资料，获得对信息原貌的整体认识；对于媒体传播的涉及社会黑暗面的信息，应该用自己已有的知识储备和逻辑思维去辨别现实与报道的内容是否一致。

六、优化教育环境

（一）加强校园网络文化环境的建设

1. 校园网络平台的建设

随着网络技术的不断发展，网络已然成为意识形态斗争的重要场地。在这样的形势下，对于意识形态安全工作的思考已经无法将网络置之度外，必须引起高校的高度重视。网络以其自身快捷化、便利化、多元化的优势吸引着大学生的关注度，网络衍生产品如网站、论坛、APP等成为大学生获取资讯和信息的主要途径。这类网络产品大部分通过简短的文字或剪辑后的视频将复杂的社会性事件传达给大众，而大众无法通过其了解和掌握事件的全部信息，很容易被编辑者的思想所左右。高校大学生三观还未完全成熟，思想理论素养还有待提升，这样的网络资讯使大学生对信息产生片面化、碎片化认知，对大学生的思想很不利。对此高校应重视并警惕校园环境的变化带来的影响，将校园网络环境的发展了然于心，清晰把握思想政治教育在网络环境下的机遇和挑战，从而做出有效应对措施。

要进一步加强网络环境下的高校思想政治教育工作。一方面，对于社会教育资源，需要教育部门整合挖掘高校网络信息资源，支持和推进国家思想政治教育门户网站建设，站在国家教育层面，向网络输出源源不断的专业性、丰富性、及时性的思想政治教育资源。各级高校在结合办学理念和校园文化的基础上，创办和发展本校思想政治教育网络平台，将思想政治教育内容以学生喜闻乐见的方式，如微电影、短视频等通过网络平台传递给学生，实现网络思想政治教育的隐性功能。另一方面，在传递社会新闻信息时，高校思想政治教育工作者务必具有较高的政治敏锐性，及时关注社会焦点信息，灵敏地嗅到校园舆论的导向，给予学生正确客观的政治性引导。通过校内校外两方面网络思想政治教育的规划，必然能够实现思想政治教育的强大合力。

（1）搭建校园网络平台

置身于信息大爆炸的互联网载体和环境中，面对各类信息纷繁复杂、泥沙俱下的境况，高校网络思想政治教育必须做到因事而化、随事而制、顺势而为，搭建专门化的具有亲和力的网络思想政治教育平台以满足教育对象的需求。高校思想政治教育者可以集合各方面的教育力量实现网络思想政治教育的资源大整合，打造一个专门承载思想政治教育内容和功能的网络信息聚焦平台，使之成为资源丰富、内容系统、信息充足的有高点击率、高阅读量的网络思想政治教育聚焦媒体平台，实现思想政治教育信息的实时更新，进而促进高校思想政治教育内容的系统化、丰富化，为教育对象提供丰富、多样的教育内容，随时实现教育互动，及时回应教育对象关切的信息，在提供深刻报道、独到分析、丰富资源中满足教育对象的"美好需求"，从而促进高校思想政治教育的建设。

此外，当下抖音、微信及其附带的公众号、小程序和微博、快手等软件越来越受到大学生群体的青睐，尤其是以抖音、快手为代表的短视频对大学生群体的吸引力越来越大，其中所携带的思想政治教育功能及软件本身对大学生的吸引力能够助力高校思想政治教育工作者做好亲和力提升工作。具体来说，首先是要充分利用这一类平台的特点，设计视频化的教育内容，出于短视频短的特点，在利用短视频开展教育时可以通过展示乡村振兴建设成就、爱国主义故事、脱贫攻坚代表事迹等短小精练的视频达到吸引学生注意力、提高其爱国情怀、坚定"四个自信"等目的，同时要避免冗长、复杂的教育内容，因为过于冗长、复杂的教育内容，短视频不仅没办法承载，且可能无法激发学生兴趣，久而久之就会有被"雪藏"的危险。也不必过于担心教育内容碎片化的问题，因为在大学生思想政治理论课中我们已经进行了系统化、理论化的教育内容教授，大学生已经有了较为深厚的理论基础。这个平台也能够将教育内容系统化呈现。其次，要紧抓这一类平台能够直播的优势，打造"网红思政老师"，利用在线直播形式开展地思想政治教育，精心挑选大学生喜欢的国际时事热点、社会民生就业等热点问题进行"面对面分析""点对点答疑"，通过新颖的形式、感兴趣的内容和有"干货"的解答吸引学生注意力，增强学生获得感，把高校网络思想政治教育推向"热门话题"，推上热搜，增强网络思想政治教育的点击率和吸引力。

（2）建设具有亲和力的校园网站

每个学校都会有独具特色的校园门户，即校园网站，它承担着传播思想、传承文化、道德教育、校园新闻传播、娱乐审美等诸多实践活动以及精神文化活动的功能，具有非常高的思想政治教育价值。但就目前高校校园网站建设的现状来看，呈现出内容单一、管理机制不完善、吸引力不足、思想政治教育功能发挥不完全等境况。

因此，高校思想政治教育者要重视校园网站的思想政治教育价值，多管齐下打造一个具有亲和力和吸引力的校园网站，深入发挥其承载的思想政治教育价值，为促进高校思想政治教育的发展另辟蹊径。

第一，高校思想政治教育者要与校园宣传思想工作人员及其部门、校园网站管理部门通力合作，打造一个功能多样、内容丰富、主旋律高昂、正能量充沛，兼集学习功能、娱乐功能和沟通交流功能于一体的校园门户网站，使之成为一个独具特色、品味高雅、功能齐全的链接全校师生的校园网络平台，使之集聚体现师生之需求和思想政治教育功能，兼具文化的厚度、服务的广度、思想的高度、理论的深度。进而使学生在浏览校园网站、查阅校园信息的过程中不知不觉地接受高校网络思想政治教育的影响，在潜移默化中滋润学生心灵、陶冶学生情操、愉悦学生身心，达到思想政治教育的效果和目标，从而使学生在高校思想政治教育中的体验感、获得感得以提高。

第二，要及时更新校园网站信息和功能。要想充分发挥校园网站的思想政治教育价值，就必须保持校园网站的点击率和阅读量。对此，校园网站管理方必须及时更新校园网站信息和功能，保证校园网站功能的适用性、信息的可读性、画面的精美性，使其能够在各方面都符合教育对象的各类需求，防止板块划分、功能设置的重复、陈旧，丧失对教育对象的吸引力、感染力。总之，校园网站要常建常新，保障网站持续建设与发展的后续力量投入，以新信息、新功能和优质的资源、整洁大气的版面吸引教育对象访问，在此基础上，高校思想政治教育者需要注重校园网站中教育内容的更新及时、内容新鲜、表达得当、形式多样，让教育对象愿看、爱看、想看，从而促进高校思想政治教育的发展。

第三，校园网站要丰富思想政治教育学习板块内容。网络教育是当下新兴的一种教育形式，高校应该结合时代潮流，把网络学习和思想政治教育结合起来，利用校园网这个载体对学生进行教育和管理。因此，高校必须在校园网内设置思想政治教育学习板块，既包括先进的理论知识，也包括党校课程视频。

例如，高校可以在校园网内建立相关论坛，学生可以就某一思想政治教育话题或生活中的问题与老师沟通探讨，老师也可以在第一时间给予学生正确的帮助。西南大学在 2000 年实行"学生自主学习，教师网上主导"的网络教育模式，学生可以根据自己的需要选择时间、地点进行自主学习，包括通识课、专业课、心理辅导等相关课程，以及一些思想政治教育方面的视频资料等，这不仅创新了教学的新模式，也减少了时间和空间对师生的限制。校园网为网络教育提供了新的平台，思想政治工作者应该充分利用网络的便捷优势，将思想政治教育工作融进校园网内，便于学生讨论学习。

第四，校园网站要增添吸引师生双向互动的教育活动。当前全球化进程不断加快，这对思想政治教育方法提出了更高的要求，即思想政治教育方法必须与时俱进。当下为互联网高速发展的时代，师生对互联网的依赖程度也越来越深，因此，必须利用和把握好师生与互联网之间的依存关系，创新思想政治教育方法，利用校园网这一平台积极开展师生之间双向互动的教育活动，向教育目标不断靠近。要想提高师生对校园网内思想政治教育活动的参与度，最重要的就是要增添博人眼球的思想政治教育活动。学校的主体是学生，因此，高校内举办的各类活动都应该以学生的实际需要为出发点，以兴趣为导入点，吸引师生积极参与活动，而不是单纯地向学生提供枯燥的理论信息，这样才能使思想政治教育活动更具有现实意义，才能在老师的帮助下及时解决学生在生活学习中的各种问题。因此，教育工作者可以有选择、有计划地把这些信息转化成容易被学生接受的教育活动，例如，在线观看传记类电影等影视化作品，同时开放师生评论区，随时畅谈自己的观点及看法。

（3）建设具有亲和力的网络社群

在互联网时代，网络把人类社会联结成一个地球村，人们的沟通交流方式发生剧变。人们可以自由地根据自身的兴趣、爱好和价值取向选择交往对象，组成网络社群，形成人际关系的新矩阵。而当代大学生基于相近的年龄、相近的文化水平、同样的兴趣爱好，更容易形成学生间的网络社群。因此，高校思想政治教育者要认识到各类大学生网络社群的思政教育价值，着力营造具有亲和力的网络社区以期利用大学生网络社群不断提升高校网络思想政治教育亲和力。

第一，培养群体正确价值认同。网络社群是基于社群成员共同的兴趣爱好、学习需要、社交需求、情感共鸣等组成的，是自我价值判断与选择的结果，这就意味着网络社群的成员一般的都有相近或相同的价值认同，而积极、正向的价值认同有助于促进网络社群成员的身心健康发展。因此，高校思想政治教育者要了解所掌握的每个网络社群的组成目的，从每个社群的特点和固有价值认同出发，进行有针对性的引导，注重社群活动的组织与管理，培养"社会主义核心价值观"这一价值认同的最大公约数，形成网络社群成员较高的凝聚力和共识。如此，高校网络思想政治教育在网络社群中形成"处处可得、时时能及"的教育氛围，能够使教育对象在不知不觉中树立正确的价值观，实现自身健康成长。

第二，培养网络社群意见领袖。大学生网络社群的典型架构是微信群、QQ群和钉钉群，这三者通常是有教育工作者（班主任、辅导员等）发挥教育影响的正式社群。值得一提的是，钉钉群是开展网络直播教育的重要载体，是高校网络思想政治教育的崭新平台。此外，还包括一些没有教育工作者参与的非正式社群，如学习小组群、游戏群、宿舍群、论坛群、空间、朋友圈、微博等。在正式社群和非正式社群中，意见领袖能够对个体的认知产生影响。因此，高校思想政治教育者要善于发掘、引导和培养网络社群中的意见领袖，通过意见领袖"管理"网络社群组织，能够消解教育对象对教育影响的抵触感，并通过对"意见领袖"的认同和亲近形成对"意见领袖"实施思想政治教育过程的亲近感，进而增强其在治教育过程中的体验感和获得感。

第三，运用"集体智慧"进行参与式教育。所谓参与式教育就是教育对象参与教育内容制造传播、教育方法选择、教育成果评价、教育环境创设的教育过程。在网络社群中，交流与传播信息是维持网络社群活跃的最主要途径。因此，高校思想政治教育者通过网络社群开展教育活动时，要注意发挥"集体智慧"的作用，通过参与式教育，充分调动教育对象在信息制造、选择和传播中的重要作用，实现教育内容在教育对象之间的广泛传播、重复转载，以量的渗透和积累实现教育效果质的飞跃，也更能够增强教育过程中教育对象的成就感、获得感。

2. 校园网络环境的舆情预警

在网络环境下，思想政治教育不仅仅需要校内外资源的强力整合，同时也需要在制度上给予监管和约束，这就需要政府、高校以及学生自身的共同努力。对于政府而言，应不断完善网络信息管理法律和网络管理制度，对高校大学生的网络言行给予制度化的管理和规范。

对于高校而言，首先要建立健全校园网络监管体制机制以及思想政治教育平台网络舆情预警机制，加强同国家网信部门及公安部门的联系，从而形成从网络技术到网络内容、从日常网络安全到打击非法网络信息的监管合力，为高校建立健康化网络环境提供坚实的制度化基础。

其次，加强校园网络信息管理者的政治舆情敏感度，从而对高校网络平台的信息进行全方位监管，有效规避和解决网络病毒、网络低俗信息带给隐性大学生思想意识上的干扰和威胁，保障校园网络环境清净，营造相对安全稳定的教育环境。

再次，在校园日常学习和实践活动中，教师应加强对学生进行网络安全教育的力度。一方面授课教师在课堂知识内容讲授中加入大学生电信网络诈骗真实案例，以口述或视频的方式让学生感受网络环境的危险性，提高大学生电信网络安全意识；另一方面，辅导员在日常管理中应通过QQ、微信班级群的方式，发布有关于电信网络诈骗的宣传教育内容，也可以开展电信网络诈骗主题班会、专题讲座以及情景演绎等活动，提高学生对于电信网络安全的警觉。

最后，大学生应不断提高和强化自身对网络信息的辨识能力和对网络运用的管理能力，提高思想政治素养，从根源上避免网络环境弊端带来的负面影响。高校应高度关注容易引起校园舆情的敏感性事件，通过举办校园活动或主题班会，呼吁大学生理性思考和判断，以此做好校园网络舆情的防御工作，从而使校园微平台更好地为高校思想政治教育提供潜移默化的思想引导和便利的教学体验。

3. 培养校园网络文化建设的管理人员

在网络迅速发展的社会背景下，培养一支具备较高政治理论素养且精通高校思想政治理论课传授工作、网络技术的校园网络文化管理人员，是利用网络文化开展传授工作的保证。传授主体需要积极参与理论学习、实践锻炼，从而使自身具备较强的信息分辨能力、高超的信息处理能力、高尚的信息伦理道德，增强自身的信息素质，使自身符合校园网络文化建设管理人员的要求。

4. 搭建高校思想政治教育网络文化体系

加强网络服务于接受活动的功能，必须做到以校园网主页为主体，各部门的特色网页为基础，构建全方位、立体化的网络文化体系，通过"新闻专题""时事政治""红歌点播""主题活动""名家点评"等栏目，建立积极向上的校园网络文化氛围，增进接受主体对校园网络文化的关注，并以此为基础及时报道高校思想政治理论课接受活动最新动态，积极引导接受主体参与其中，将校园网络文化与高校思想政治教育活动相融合，以"润物细无声"的方式进行传授活动。

（二）建立专业的思想政治教育网站

针对网络时代信息传播的特点与方式，大学生思想政治教育工作必须积极应对复杂的网络环境，在其中变被动应对为主动引导，争取占领主流意识形态阵地。这其中一个有力的举措就是要建立和完善专业的大学生思想政治教育网站，将教育活动渗透到学生的日常学习与生活中。

1.优化思想政治教育终端平台

在以往的思想政治教育活动中，以"两课"为主要内容的课堂教学始终是一种最基本、最重要的方式。然而，网络模式却催生课堂教育必须以多样化的形式展开，促使课堂教学由"填鸭式"的满堂灌走向师生的彼此互动，特别是要优化具有针对性的大学生思想政治教育终端平台。

目前，高校在探索建立自身的大学生思想政治教育网站方面虽然已发展起来，但仍有极大的完善和优化空间。许多高校只是依托学校宣传部、理论学习网站等平台展开，而内容也是以党的理论为中心，兼容思想政治教育的专业学术探讨。这一形式和内容旨在通过主流意识形态来引领大学生的思想观念，但却缺乏生动性与活泼性，使学生感到枯燥无味，并不想真正主动去浏览这些网站。实际上，要提升大学生思想政治教育的实效，建立网站仅仅是一个方面，其他丰富多样的终端平台还尚未充分利用起来。譬如，在表现形式上，学校借助相关区域的LED显示屏、自助阅报机、微信公众号、手机信息推送等，使学生在校园的学习生活中随时随处可以受到影响，起到隐蔽无形的渗透作用。在教育内容上，可以以实际案例、社会热点为素材，让学生感觉教育内容贴近社会生活实际，鲜活生动而不枯燥，使得教育内容成为学生日常谈论和思考的对象。此外，运用以互联网、校园网为载体的各种网络平台，实现校内外资源的动态整合，突破了传统思想政治教育的时空限制，实现课上课下都运用新媒体进行思想政治教育。同时，还可以让学生在这些终端平台上进行互动和管理，在提升大学生学习生活主体性的过程中，也推动了思想政治教育在校园环境中的"全覆盖"。

在这些贴近大学生实际生活的教育活动中，思想政治工作者要基于网络平台将积极健康的思想观念、提升学生综合能力的有益经验传递出去，做到思想政治教育与网络平台的有效结合，使大学生在实际生活中也能受到思想政治教育。

2.加强心理咨询网站建设

大学生思想政治教育的有效性之一，来自大学生的实际心理需求，加强大学生的心理咨询网站建设，完善大学生心理问题的提前干预机制，以独特化的思想政治教育形式保证大学生的身心健康。

大学生思想政治教育的实际成效，很大程度上取决于大学生是否自愿接受，这是一种心理的实际需求，这就意味着大学生思想政治教育与心理成长具有内在的契合。因而，实际心理需求直接影响了大学生思想政治教育的展开。在网络时代下，大学生通过网络交流的隐蔽性和开放性特征，在给思想政治教育带来挑战的同时，也提供了解大学生心理走向和思想动态的良好机会。高校要加强大学生心理咨询网站建设，及时疏导大学生有可能存在的心理困惑。

首先，从大学生的心理调查入手，寻找问题所在和解决办法，运用网络提供的便利，掌握大学生在思想观念形成和心理成长过程中的影响因素、发展规律，从而采取更加适应大学生思想特点和心理特征的积极措施，促进思想政治教育与学生实际需求的互相协调，最终为建立网络环境下的大学生思想政治教育奠定基础。

其次，开设专门的大学生心理咨询网上板块，进行网络心理健康教育的讨论，着重进行网络心理干预活动、网恋的正确引导、网络安全与规范的调控以及网络人际关系的教育，使大学生能够理性地在各种网络平台上进行思想交流与社会交往。比如，可以尝试制作相关视频，配之以丰富的音乐、动漫、影视素材，增强这一教育活动的生动性与趣味性。

最后，建立大学生网络心理健康档案，并进行定期跟踪调查。这不仅有利于思想政治教育工作者能及时获取相关资料，对大学生的心理走向进行跟踪调查，使得大学生网络思想政治教育工作更具规范性，也有利于大学生的心理困惑和心理危机能够及时得到关注，从而被积极地加以引导解决。这在塑造大学生的良好人格、健康心理和高尚情操方面具有微妙的作用，能够保证大学生思想政治教育始终具有实际的心理需求。

（三）推进网络文化法律法规建设

由于我国网络发展速度快，网络法治建设跟随不上技术的脚步，法律规范制定、网络法制教育相对滞后，网民法律意识亟须加强。伴随着网络的快速发展，网络亚文化由此产生，这不仅影响到高校大学生的健康成长，甚至对社会和谐稳定也造成了威胁。网络文化作为新时代下的文化产物，具有复杂多样的时代特征，为此必然要以法律法规建设等作为制度保证，充分发挥出法制的强制性色彩，以保证网络文化良性健康发展。

相关部门应当加大网络监管力度，通过法律法规打击不良文化，以宣扬正确的网络舆论导向。由于各个地区的文化差异性，不同地区相关部门应当结合当地网络文化实际情况，因地制宜地对不同网络不良文化事件采取必要的合理疏导。由于我国科技的迅猛发展，国家相关部门应当结合实际情况，针对未来有可能出现的问题，提前做好相关法律法规颁布的准备工作。高校应当组织学生进行网络安全法律法规的学习，普及全面化的网络法制教育，使学生增强网络法律意识，从而提升自身的网络文化素养，以抵御不良网络文化的影响。

(四)建立高校大学生数据隐私保护机制

近年来学生数据泄漏事件层出不穷,一度成为社会讨论的热点,被泄露信息的学生遭受到了不同程度的身心伤害,而更多的学生则陷入被泄露隐私的恐惧之中。部分国家已经针对大数据在教育领域应用中造成学生隐私泄漏的问题制定了相关法律,我国关于对个人信息隐私保护的相关法律还不够健全,还在完善之中。学生处于大数据的环境中,但始终存有隐私被泄露的恐惧,这对获取学生真实信息,进行思想政治教育增加了难度。大学生数量庞大,所产生的数据更是与日俱增,大数据时代价值信息密度低,真正有价值的信息少之又少,如果学生发布虚假信息,很容易误导教育方向,那么在教育领域应用大数据技术则毫无意义。因此保护大学生的数据隐私已经刻不容缓。

大学生信息数据流失有多种渠道,归根到底就是管理机制不严密,高校应研讨出系统的数据信息管理办法,对学生信息收集、分析、保存都有科学的管理流程。划分系统内的职责,在数据处理的各个环节都划分清晰的权责,避免部门之间的管理交叉造成的数据泄漏。同时加强思政教育者、辅导员等工作人员的风险意识教育培训,保证不因个人利益将学生信息泄漏,严格遵守管理办法,约束自己行为,否则会接受相应的处罚。近年来校企合作不断深化,有利于学校培养对口的专业化人才,不仅为学生解决了就业问题,还有利于企业培养适合自己发展的人才。校企间的合作虽然有利于高校的创新发展,但是也面临着学生数据被企业掌控的风险。部分企业出现非法利用学生信息的现象,目的是逃避国家税收。因此高校要严格管控好学生隐私,与企业间签订相关协定,对学生数据不出卖、不滥用,对企业违反协议的行为依法追究企业责任。只有消除学生的恐惧心理,学生积极配合教育工作,才有利于思想政治教育者收集真实有效的数据。

第三节 网络背景下高校思想政治教育者的应对策略

一、网络背景下高校思政教育者的不足

(一)角色转换不适应

"互联网+"为教育主客体平等关系的塑造创造了条件,但也给教育者带来了巨大挑战。一方面,教师的权威性面临挑战,高校学生和教师实时接收互联网

信息，教师在传统教学时代可以提前备课、提前掌握资料的情况受到挑战。高校学生已经成年，他们往往对突发事件有浓厚的兴趣，喜欢在网上关注其最新动态，获取了一手的讯息后又往往表现出不满足的态度，于是，他们会在现实空间里与舍友、同学等探讨、交流、沟通、碰撞，对突发事件、热点新闻等形成较深入的认识，思考更深刻的问题，在此基础上再向老师发问渴望得到老师的专业解答，这种积极探索的学习导致高校思政课教师的权威在一定程度上减弱，教师的知识架构和应急能力受到较大挑战。

（二）教育主体网络意识不强

网络思维是指在网络时代下运用网络技术来对学生进行教育和认识事物的思维方式，传统的思想政治教育基本处于单向输出的状态，是教育者对受教育者单方面的灌输和解惑，往往会忽视学生的反馈，也就是对学生数据的收集，其中包括学习兴趣点、学生接受状况、学生思想行为变化等，然而网络思维还没有完全建立起来。现今时代，各种数据包围着我们，网络技术的应用无疑是为思想政治教育带来变革的有力武器，在思想政治教育模式、教育载体、教育方法，以及推进思想政治教育现代化上都有重要作用。但当前面临的问题就是如何将网络思维科学融入思想政治教育中。

首先，在思想政治教育的教材编写上，虽然教材不断改版，紧跟时代变化和大的政治方向，但基本上都是停留在理论层面和知识内容上，在思想政治教育教学方法上基本没有太多变化，不能很好地与时代贴合，没有将网络思维和网络的理念很好地融入思想政治教育实践当中，使得对原有知识体系依赖较高，导致教材的更新程度有限。

其次，在教育教学的实践中，教育主体网络意识不强，在线上授课时对传统教学方法依赖较强，教学路径难以融合网络思维，而教育主体对于思想政治教育实施新的教学模式，利用新的教学方法，拓展新的教学平台都缺乏积极性，原因是对外界条件，网络的硬件设备和专业技术要求过高，以及在国内很少能够有效仿和学习的对象，一切还都处于探索之中。因此，在思想政治教育当中很好地融入大数据思维需要多方面的配合，是理论和实践的统一，也对国内整体的教育环境有一定的要求。

（三）欠缺对教师大数据技术培训

大数据时代的到来为思想政治教育者以及思想政治教育事业都带来了良好的

机遇，也为思想政治教育的创新和改革提供了技术支持。但是教育者在应用大数据技术时也遇到了很多困难，现在国内的很多校园都没有引进大数据的管理技术，就算引进了也没有形成完整的管理系统。其中就有很大一批院校没有引进大数据的硬件设备，大数据的基础设备搭建以及大数据软件设备陈旧未更新，这都直接影响到了教育者的使用。

若想利用大数据技术在数据中提炼出有价值的信息用来辅助学生工作，必定要使用专业算法挖掘数据背后的信息，但是这种专业的算法技术需要专门的技术人才通过专业的相关算法对数据进行分析和处理，而这些对于普通的思想政治教育者来说无疑是具有难度的，致使技术与教育脱节，也就会容易出现"唯数据"的现象。专业技术人才无法从教育角度出发分析数据，准确找出教育者所需要的教育数据和学习资源，而思想政治教育者面对复杂的算法技术，无法深入挖掘数据，大大减少了数据背后的价值信息。这就需要高校在人才培养方面下功夫，定期对思想政治教育者进行技术培训，将大数据的理念和技术灌输给参训教育者，培养出一批既有理论又有技术的复合型人才团队。但是现在大多数学校没有意识到大数据的重要性，欠缺对教师的大数据技术培训，使得教师的教育与技术融合程度不够。学生的数据资源也难以及时掌握，很难抓住大数据带来的机遇，使思想政治教育创新遇到困难。

除此之外，教育者应用大数据时缺乏目标和针对性，收集学生日常信息，例如在网上发表的言论、交流的图片以及出入记录等，将这些半结构化和非结构化的图片、音频转化为结构化的单一形式，这对思想政治教育者来说已经是有一定难度的操作了，但往往这些分析数据很难被系统化，缺乏明确的调查目标和选择方向，导致数据被搁置。

（四）工作压力增大

互联网时代的高校思想政治教育，早已突破了固有的45分钟界限，而变成了全天候的思想回应，解惑释疑。教师的工作变得更加细化和复杂。在备课内容上，传统课堂时代，教师的备课主要是备知识，而互联网时代教师备课除了备知识，需要投入更多的精力去预测各种可能，还要随时随地在"网上"和"网下"解答高校学生的困惑，如果一味地不去关注和理睬，任由其滞延，可能会带来严重的后果。这样，就会占用教师大量的精力。在教学手段上，教师要及时地掌握各种最新的功能并有效利用，这也是对教师的巨大考验。

二、网络背景下高校思想政治教育者综合能力的提升路径

（一）提升思想政治教育者的政治素质

思政教育与社会文化紧密相连、密不可分。思想政治教育作为一种特定的人与人、人与群体、群体与群体之间的信息交流，本身就是一种社会文化的互动过程。思政教育者在对信息进行把关时，必然会受到社会文化因素的影响。在阶级社会里，统治阶级为了达到巩固其统治的目的，用代表本阶级意志和利益的思想来教化人民，久而久之形成一套完整的社会价值标准体系。社会价值标准体系涉及文学、艺术、道德、法律等方方面面，对人们行为起到了规范的作用。思想政治教育作为一种特定的传播，它所传播的内容必须以社会所认可和推崇的社会价值体系为标准，与社会的主流思想文化相吻合。

1. 坚持正确的立场和方向

坚持正确立场和方向为思政教育者的首要政治素养。我国的教育方针明确指出，需将坚持社会主义方向放在德育工作首位。思政教育本身是做人的思想工作，而网络时代人们接受的信息越多，其思想越复杂，这表明网络时代思政教育将更加艰巨。面对这种挑战，思想政治教育者的原则立场应更加坚定。我们要用马克思主义世界观和方法论武装头脑，站在无产阶级的立场上，忠于党，忠于人民。只要有坚定的共产主义理想和信念，不论遇到多大的困难和挫折，都能迎难而上，并以坚定的信念感染广大受众，使其产生思想上的共鸣，增强思想政治教育传播的效果。

2. 提高政治鉴别力

政治辨别力是一种政治能力。网络时代，思想政治教育工作者应善于通过对众多复杂信息所带来的种种表象抽丝剥茧，最终判断事物的政治本质。教育者要始终保持冷静，纵观全局，把握政治方向。教育工作要把个人的名誉、利益看淡一点，把党和人民的利益放在首位，要有时刻为共产主义奋斗终身的勇气，要有为坚持正义而斗争的魄力。在大是大非面前不迷失方向，应自觉抵制和反对一切错误和腐朽的信息，使我们可以更好地利用网络时代创造的便利，为党和国家的思想政治教育工作作出自己的贡献。

3. 提高政治敏锐性

政治敏锐性实际上是一种有着很高实效要求的政治洞察力。网络时代要求思想政治传播者必须具备见微知著的政治敏锐性，对一些潜在的问题能及时发现和察觉，寻找问题的性质、趋势、走向，果断地采取相应的措施，调动各种积极因素，

保证社会的稳定发展。思想政治教育传播者在坚持正确的立场和方向,提高政治鉴别力的同时,应不断丰富自己的知识和阅历,逐步增强政治敏锐性。

(二)厚植思想政治教育者的家国情怀

无论是思想政治教育教学工作,还是更大范围的思想政治教育工作,都因为其阶级性、整体性、人民性等特点而要求思政课教师队伍必须厚植家国情怀。没有家国情怀,做不好思政课教师。为此,思政课教师要在习近平总书记关于"四有"好老师的基础上,更进一步严格要求自己,在培训培育问题上,将"六要"严标准作为自己成长的方向,一定要与祖国同呼吸共命运,与学生心连心,与人民同进退。做"政治要强"的好教员,坚定信仰,站稳政治立场,保持清醒的政治头脑;做"情怀要深"的好教员,心系家国,关注民生,向人民群众学习,践行以人民为中心的思想;做"思维要新"的好教员,坚定理想信念,创新教学方式方法,坚持马克思主义认识论和方法论;做"视野要广"的好教员,不断加深自己的知识视野、国际视野和历史视野,做理论上的明白人,实践中的引路人;做"自律要严"的好教员,知行合一,秉持正义,敢于亮剑,传播美好;做"人格要正"的好教员,用高尚的人格魅力和真理的力量,做好凝聚学生、感染学生和团结学生的工作。

(三)提高思想政治教育者的职业道德素养

思想政治教育的重要目标就是提高教育客体的道德水平。身教重于言教。思想政治工作能否达到预期的目标,与思政教育者自身的道德水平是分不开的。教育者自身道德水平的高低,将对教育客体的道德品质状况带来重要影响。

1.增进思想政治教育者的道德认识

教育者首先要有科学的道德认识。所谓道德认识,指行为者明确群体相互之间的道德关系及掌握调节的方法。网络时代,在各种思潮的冲击下,我国的道德建设面临来自各方面的挑战。面对新情况、新形势,思想政治教育者应该率先垂范,立足于我国当前的实际情况,不断弘扬和培育中华民族传统美德,并且学习国外道德建设方面的有益经验,致力于建设有中国特色的社会主义道德。只有基于这样的认识,我们才能以积极向上的姿态抑恶扬善,这是形成优良道德品质最基本的条件。

高尚的道德情操是高校思想政治教育者发挥自身人格魅力的基础,具备道德品质的教师讲解道德,学生才能信服。高校思想政治教育者需加强自身品格与道德建设，积极遵守社会公德，投入完善自身道德素质的实践活动，提高自身涵养、以身作则，用自身具备的高尚情操去影响和感召高校学生。

2. 升华思想政治教育者的职业道德品质

首先，热爱思想政治教育工作，对该工作富有责任感。网络时代，人们的思想日趋复杂，这使思政教育难度进一步加大。思政教育者只有本着高度的责任感和使命感，才能不断适应时代的变化，逐步赢得教育对象的支持和尊重，使思想政治教育的作用得到更好的发挥。其次，尊重教育对象的主体意识。思政教育的教育对象是人，我们每个人都有自己的思维方式和行为习惯。因此，思想政治教育者应该尊重教育对象的主体意识，以一种平等的姿态与其进行交流与互动，不仅要当好受教育者的"良师"，还要做好"益友"。最后，思想政治教育者应注意个人言行，做好示范。思想政治教育者应该在各方面做好表率，用自己的行动影响和带动受众，用自己的人格魅力去引导和教育受众，从而在潜移默化中影响受众的道德品德，达到提高受教育者道德觉悟的目的。

（四）提高思想政治教育者的知识素养

高校思想政治教育者要构建好自己的专业素质，就离不开专业知识的精深性与相关学科知识的广博性的辩证统一。

首先，要扎实专业知识。高校思政教育者的专业知识，突出表现为需要掌握思想政治教育学的基本理论和工作业务方面的知识。由于思想政治教育是一门育人的学问，高校思想政治教育者既不能埋没在理论当中，又不能信口开河，进行空洞无物的说教，而应把理论与实践结合起来，才能收获实效。

其次，提高相关学科知识的广博性。博览群书，历来是一个人学问和见识的表现。我们想要精通一门学科，不能局限于现有知识，而应在此基础上有所突破和创新。想达到这样的目标，离不开广博的知识结构。高校思政教育是多门学科相互之间的有机综合，除本专业外，还涉及教育、新闻等多门学科。思想政治教育者只有熟悉例如心理学等学科，才能真正解读受教育者的真实想法，从而采取有效的教育措施，以便于更好地开展工作。随着网络的发展，通过网络渠道进行思政教育越来越频繁，教育者只有通过学习，不断扩充知识，才能迎接新的挑战。

最后，要建立完备的知识体系。完备的知识体系是高校思想政治教育者展现自身人格魅力的源泉，学识渊博、才华横溢的思想政治教育者，能够让自己人格魅力得到最大限度发挥，使高校学生愿意亲近，愿意沟通。高校思想政治教育者需要具备扎实的马克思主义理论学科知识以及系统而丰富的教育教学知识。完备的教育教学知识体系包括教育心理学知识、教育教学基本规律、人文社会科学知识、教学方法知识、社会实践知识。

（五）提高思想政治教育者的能力素养

综合能力是高校思想政治教育者发挥自身影响力的关键，高校学生倾向于靠近能力强的传授主体，愿意听取他们的看法、接受他们教育。因此高校思想政治教育者必须积极参与各项活动，从各方面丰富、锻炼和完善自己，努力提高自身综合实力，使自己具备良好的文字功底、语言表达能力、灵活应变能力、以及凝聚人心的能力，以增强自身的人格魅力。

1.增强思想政治教育者网络素养

作为高校思想政治教育者，既要求基本素养不能丢，又要求教育者通晓网络传播理论和大数据、云计算等互联网信息技术。然而，就当前高校思想政治教育队伍来看，虽然包括了高校专职思政课教师和学校宣传思想工作者、辅导员、班主任、政工干部、心理辅导教师等，在数量上似乎占有一定优势，但这个队伍明显呈现出教育者现代信息技术水平不高且运用现代化信息技术的能力欠缺等状况。因此，高校必须致力于建设一支懂得运用现代信息技术建设网络马克思主义话语体系的专家队伍，整合各方面教育影响，运用现代信息技术开展马克思主义理论教育，增强高校网络思想政治教育的技术性、科学性，从而增强高校网络思想政治教育的理论说服力、思想引领力。

网络环境下，高校思想政治教育形式多样，既可以通过网课开展，也可以通过文字输出，还能够通过聊天对话、表情包、图片、数据、图表等多种形式进行，总之，网络中的任何信息传播形式都可以为"我"所用，实现在无形中育人。高校开展"精准网络思政"离不开对大数据、云计算技术的运用，离不开心理学相关理论对学生的精神世界进行透彻的分析。因此，高校思想政治教育者既要掌握拍摄、网络直播录播技术、图片处理、视频剪辑、表情包制作等信息传播的必备技术，还需掌握数据收集、处理等技术以及聊天对话的心理学技巧，努力成长为一名全能型思想政治教育者，从而能够借助现代互联网技术实现高校思想政治教育方法变革、内容优化、环境清朗，打造对学生"了如指掌"的精准思政，为促进高校思想政治教育的发展创造条件、提供动力。

2.提升思想政治教育者的创新思维能力

首先，要求高校思想政治理论课教师要具备创造性思维能力，不断学习，思考。在不断变化的国内外环境下，思想政治理论课教师要能开阔思维、勇立潮头，从而引领创新，新时代高校思想政治理论教育需要有创新思维。高校思想政治理论课教师要用辩证唯物主义和历史唯物主义的思维方式和眼光去对待任何问题，教师要顺应时代潮流，倾听时代声音，用发展的眼光看待问题，不能用直线单向的思维方式思考问题，以往在高校中就有一部分教师思维落后，讲课内容固定，跟不上学生的发展变化，达不到启发学生的作用，长此以往会使大学生排斥反感。网络时代教师要紧跟学生的发展变化，将理论讲深、讲好、讲懂，使思想政治理论课引起学生的共鸣，教师必须突破固有思维定式，思维定式会束缚和限制教师的思想。传统上"以教师为中心"的思维就是典型代表，"真正的教育不传授任何知识和技能，却能令人胜任任何学科和职业，这才是真正的教育。"可见经师易求，人师难得是颠扑不破的道理，思政课教师要具有创新思维，以此更好的引导学生。

其次，在新的时代高校思想政治理论课教师如何用创新思维在思政课教育教学中培养好当代大学生，需要教师不断探索并创新教育教学方式和方法。一是在教学目标的指导上思维要新，以学生为中心，发挥学生的积极性和主动性，用紧跟时代要求的目标指导教学，发挥思维课堂的作用。思维课堂既能体现学生的主体地位，又能发挥教师的主导作用。在创新思维中教师以问题意识为导向，以学生为中心，在教学中既关注知识的获取，又关注思维的培育，教师在帮助学生答疑解惑的过程中引导学生创新思维的发展。二是在教学过程中，创新教学内容，认真并用心的设计每一堂课，每一个知识点。把学生关心的事件、案例加入教学内容中，将马克思主义中国化的最新理论成果即习近平新时代中国特色社会主义思想创设到教学内容中。用学生喜欢的语言方式和授课形式，增强思想政治理论课的时代性、思想性和趣味性，努力在大学生成长的关键时期在其心中种下创新的种子。用生动鲜活贴近学生生活和实际的语言，利用"00后"大学生喜欢的网络性词语增强教学吸引力和亲和力，使学生提高思政课的获得感。三是在教学过程中创新教学方式，针对不同层次专业的学生给予不同的教育，本着因材施教的原则，选择合适的教学方法，真正做到有滋有味，有情有义，在新时代彰显思政课的魅力。

3. 提升思想政治教育者的引导能力

由于网络中信息发布的自由性，网络思想政治教育有着很大的不可控性因素，教育对象有权利选择接受或不接受思想政治教育，也有随时随地建构自我教育情境的可能。高校思想政治教育中教育对象所拥有的较大的自主权和进行自我教育的境况，要求我们在开展高校思想政治教育亲和力提升工作时必须考虑和挖掘教育对象身上的积极主动性。因此，调动教育对象积极性，使其以建设性的姿态参与到教育实践中，对促进高校思想政治教育有积极作用。

在高校思想政治教育过程中，教育者要引导教育对象意识到其在教育过程中的能动性的一面，要保持对学习的积极主动性，适时坚持自主学习；要引导教育对象在与自身沟通交流时保持谦逊、尊重的态度；要引导教育对象孜孜不倦地保持对知识的渴求、对学习的热爱，同时坚持革命批判精神，坚持不唯上，不唯书，只唯实；要引导教育对象及时准确地表明在接受高校网络思想政治教育过程中的疑惑点、难点，通过资料查阅、小组探讨、教师指导等方式解开疑惑。总之，要建立教育过程中的师与生、生与生之间的友好互动交流，以增强学习过程中的趣味性和获得感，形成民主、和谐和具有亲和力的教育氛围。

在高校思想政治教育过程中，互联网技术为教育对象充分提供了发挥主动权、展现自我观点的机会，使教育者和受教育者在教育过程中实现自由互动成为可能。因此，高校思想政治教育者要善于引导教育对象在教育过程中敢于"亮剑"，充分维护教育对象在教育过程中的话语权。为此，教育者须在教育过程中讲好基础理论知识，为教育对象夯实自身的基础理论知识；要给教育对象锻炼话语表达能力的机会，增强其交流表达的技能，使其能以得体的话语表达方式、充满敬意的言语和温和、善意的态度参与到教育过程中，不断给予教育者以及时和合理的反馈，不断构建主客体之间持续不断的、相互作用的和谐的师生关系。

高校思想政治教育的互动过程建立在教育对象及时、主动地反馈教育者和其他教育对象推送的各类信息和教育内容之上，这种积极的反馈对教育者和其他教育对象而言是不断创造条件以实现更有效互动的持续动力。因此，在教育过程中，高校思想政治教育者要建立教育者与教育对象之间、教育对象与教育对象之间交流互动的平台，引导教育对象真切、准确、及时地回应教育者的互动请求，以促进高校思想政治教育主体间的情感交流，以主体间的情感交流和沟通不断地调整、完善乃至重构自身的思想，这一过程是教学相长的过程，也是学生之间自主讨论、交流的过程，是教育对象主体地位的体现，能够增强教育者对象在高校思想政治教育过程中的获得感、体验感、悦纳感。

4.提升思想政治教育者的情感能力

高校思想政治教育者要与接受主体建立良好的情感，高校思想政治教育者的人格魅力首先来自善意和慈爱，在思想政治理教育过程中，思想政治教育者需要努力探寻爱的真谛，用爱去包容发展水平、性格、能力等方面各有差异的高校学生，用真挚的善意打动他们，真正走进他们，了解他们。

在我们实际的生活中这样的现象时有发生：思政教育相关主体苦口婆心，客体却对此没有任何回应。这说明对于传播者所传播的观点受教育者并不是十分认同，甚至具有抵触心理。之所以有这种现象的发生，其中一部分原因是由受教育者的心理障碍造成的。

造成受众对抗心理障碍主要包括认知障碍、情感障碍和行为障碍。认知障碍是指人们对事物抱有惯有的态度，如果传播者强制受众改变态度，要求其接受相反的观点，则会使其产生对抗的心理，造成认知上的障碍。情感障碍是指人们在接受信息时，对于自己喜欢、感兴趣且符合自己需要的信息采取欢迎的态度，并愿意接受；对于那些不符合自己需要的信息，则出现抵触、排斥的心理，从而造成情感沟通上的障碍。行为障碍是指人们的行为会影响信息的接收。当信息的内容与人们的行为一致时，人们容易接受其观点；当信息传达的理念与人们的行为冲突时，则人们寻找理由为自己辩解，拒绝新的观念，从而造成行为障碍。

无论是认知障碍、情感障碍还是行为障碍，都会对传播者信息的传递带来不便。所以思政教育者在传播信息时，既要诉诸情感也要诉诸理性。通常来讲，传播时诉诸感性可以产生更好的效果，能引发受众的情感共鸣，使受众的反应更加强烈。但伴随时间的流逝，情感地作用会慢慢弱化，理智的作用相对增强。传播时诉诸理性容易使受众比较客观、冷静的认识和处理信息。当受众接受所传达的信息后，其意志将很难改变。在日常的教育传播中，情感和理性传播时常交织在一起，只是存在使用的比重不同而已。我们根据不同对象、目的进行及时有效调整，最终采用最优的传播方式。如果我们希望传播效果立竿见影（如鼓舞士气），应更多地诉诸情感的传播方式；如果希望给人带来潜移默化、持久深远的影响，则应该更多地诉诸理性方式。

在诉诸情感时应该注意：首先，情感的强度不应该过于激烈。因为过强的情感会引发一些人（特别是自信心不足者）心理上无法承受，使他们产生吃惊、惧怕等情绪，最终影响到他们的行动。其次，情感作用也受到智力、文化程度的制约。智力水平较低或文化程度不高的受众，他们考虑问题时更容易受到情感左右，不善于进行深刻理性的思考，因而诉诸情感的传播效果会更加突出。智力和知识水平较高的受众，相对来讲批判性思维更强，不容易冲动和感情用事，所以更易于接受公正的理性传播。总之，思想政治教育的传播者认真学习心理学的相关知识，根据传播的目的、受众的特点等因素，及时地调整传播的方式，摸清受众的心理脉络，疏通沟通渠道，以便使传受双方心理上能够产生共鸣，通过有效配合，达到思政教育预期目标。

5. 强化思想政治教育者的表达能力

首先，变书面语言为口语化表达。检验思政教育效果，我们要看传播的信息能否被相关客体所认知。在进行教育时，充分考虑教育客体的需要和喜好，选择他们易于领会的表达方式。对于一些枯燥的政治政策词汇，教育者可以通过简单的语言结合生动的事例，使其变得通俗易懂。总之，思想政治教育者需掌握表达艺术，既要确保语言干净利索，又要使语言幽默风趣、蕴含哲理。

其次，提高动作表达能力。传播是一项复杂的活动，它不仅要借助语言符号作为信息的载体，必要时还需要运用肢体语言来辅助信息的传播。一定的动作能够发挥语言所不具备的功能。思想政治教育者的手势、表情、身姿等非语言符号因其自然流露而具真实性，可以调动受众的视觉、触觉等多种感觉器官，拉近与受众的距离。但动作表达要适当，行为不要过于夸张，不然会事与愿违。

6. 增强自我意识以及自我开放程度

自我意识指人对自身行为举止与心理、自身与外部对象关系等问题的认识与评价。完整的自我意识主要包括：第一，现实的"我"，即对当前自己的意识。第二，回忆的"我"，即对过去自己的意识。第三，理想的"我"，即对未来自己的构想。第四，反射的"我"，即他人对自己的认识，他帮助现实的"我"与绝大多数人心中的"我"保持一致。自我意识成熟的传播者，能保持现实的"我"与反射的"我"基本一致，从而有意识的调节自己的行为，表现得更加真诚、亲和、热情等，有利于思想政治教育的传播。

自我开放程度，也就是自我暴露程度。自我开放程度高，表示能坦诚地与他人交往和沟通，愿意与他人分享自己的情感和信息，形成一种相对比较融洽的人际关系。自我开放程度低则意味着过于掩盖自己的情感和真实信息，容易给人带来不真诚和虚伪的感觉，容易造成与他人的距离感。在思政教育传播过程中，一方面，要敢于开放自我，拉近彼此之间的距离，另一方面，在与他人沟通的过程中，观察和分析他人对自己的评价，调整自我来融洽人际关系，从而更好地进行教育传播。

（六）完善思想政治教育者的培养机制

思想政治教育队伍建设的落脚点是每个思想政治教育工作者素质与能力的提升。随着媒体融合在高校思想政治教育当中的运用，这也使得高校思想政治教育者不仅需要具备开展思想政治教育活动的基本能力和素养，更需要能够结合传统媒体与新媒体的优势来开展思想政治教育工作。因此，高校也应对思想政治教育者定期开展网络培训活动，提供专门的技术培训，将最新的信息化技能传递给教育者，加强思想政治教育者媒体应用能力的建设。同时，良好的考核奖励机制能够极大地调动教育者的积极性与创造性。高校应建立健全评价考核制度，将教学态度、教学工作量、教学效果、教学研究、教学基本建设、科学研究以及媒体运用能力等纳入考核奖励机制中，并将考核结果与思想政治教育者的职称评定相挂钩，激励争优创先，不断优化教师团队。

此外，网络思想政治教育者人数虽然可观，但在管理上却缺乏一个统一的管理人员，从而呈现出教育影响的方向不一致、产生分流等状况，这要求高校要加强对网络思想政治教育的管理，使高校网络思想政治教育的各方面影响能够一致，促进高校思想政治教育发展。

第五章 网络背景下高校思想政治"微教育"创新

本章内容为网络背景下高校思想政治"微教育"创新,分为三个小节,分别是大学生思想政治"微教育"理论概述、大学生思想政治"微教育"载体分析以及大学生思想政治"微教育"发展路径。

第一节 大学生思想政治"微教育"理论概述

一、思想政治"微教育"的概念

"微教育"是一种新兴教育理念,其立足于微时代的到来而飞速发展。新媒体时代背景下,"微教育"是特殊化教育的表现形式,利用电脑、手机等移动通信设备,通过微博、微信、网络视频、QQ 等途径,借助网络实现对人们思想意识、道德规范的正确引导和教育。

从高校思想政治教育层面来说,"微教育"主要是利用互联网、计算机、移动手机等,为学生进行教育信息和内容的传播,学生还可以通过互联网平台进行自主知识获取,拓宽了学生知识获取途径,并赋予其根据自身学习诉求自主选择的权利和空间,对于训练高校大学生思维方式具有诸多裨益。并且,"微教育"模式能够提高大学生对于思政学习的积极性和自主性,有利于提升思想政治教育实效性。

二、思想政治"微教育"体系构建的价值体现

(一)外在价值

在大学生思想政治教育中,构建的微教育体系,让学生精神面貌建设回归理

性教育。思想政治微教育体系中，需大学生能接受当前积极的社会思想进行精神面貌建设，从而实现自我成长。同样微教育体系具备先进性和科学性，教学的运用能激发学生的积极性，帮助学生在教育中完成自我的价值观、道德观、人生观的完善，从而有效促进大学生的成长，推动社会主义建设的发展。以微教育体系来统领大学生思想政治教育，能对大学生的精神建设和人格完善提供一定的保障。大学生作为社会建设和发展的重要部分，其价值取向和道德素养往往决定社会的发展方向。因此，大学生的思想政治教学，需以微教育体系建设来实现，创新大学生的精神面貌建设，让大学生能在思想政治教学中解决实际的问题，不断地创新来实现自我的人格成长，从而树立正确的价值观。可见，通过微教育体系的构建，可推进大学生思想政治教育的发展，以帮助大学生的不断成长。

（二）内在价值

作为大学生的思想政治主要方法，微教育体系构建在大学生的思想教育中，运用当前微时代背景、微教育体系的构建来激发学生的学习动力，让学生自主参与思政精神文化建设中，在微教育体系的引导下，大学生能以中华建设和民族崛起为主要前进目标，让大学生成为民族发展建设的核心力量。微教育体系能推动大学生思想政治教育和网络技术有效的结合，从而借助网络信息的核心社会主义体系培养大学生的使命感，激发大学生的爱国情绪和认同民族思想。

第二节 大学生思想政治"微教育"载体分析

一、以手机为主要形式的工具型载体

手机是高校思想政治教育的重要工具型载体。在大学生思想政治教育过程中，思想政治教育工作者往往会以手机为载体，借由手机平台有的放矢对大学生实施思想政治教育信息的传播，进而促进大学生逐步形成正确的人生观、价值观及世界观，促进大学生得以更为全面的发展。众所周知，随着现代技术及社会经济的快速发展，现代人（尤其是大学生）已基本人手一部智能手机。智能手机与传统手机存在很大不同，早已突破传统手机的单一功能。人们可借助智能手机随时随地实现上网，查阅和获取各类信息，及时实现人与人之间的交流。在智能手机时代，每个人既是信息的接受者，亦是信息的创造者与传播者。如今，手机媒体俨

然已发展成为大学生思想政治教育的新阵地。

二、以微博、微信等为主要平台的传媒载体

自微博这一"微载体"产生后,各类微载体也相继出现,主要包括微信、微电影、微视频、微公益、微小说等。

(一)微博

1. 微博的概念

微博,是微型博客的简称,是一个基于数字通信技术和用户关系构建的信息分享、传播和获取的广播式社交网络平台。微博的产生是"微时代"到来的重要标志。

2. 微博的特点

微博作为一种新兴的、为年轻人广为接受的网络科技社交工具,具有平台多元化、内容碎片化、注重个体性、多媒体性、交往对象互动重叠性、与其他网络工具对接性等特点。首先,微博接入平台可以是电脑浏览器或者移动终端,方便用户在一天中的任意空闲时间,哪怕是吃饭时、等候时或者旅行途中都能进行微博浏览和更新;第二,除了"长微博"以外,一条微博最多140个汉字"微"的特点使得其表达效果不求全面,甚至不求语法的通顺,只求表达,哪怕是一个字或一个词,这种特性与当今受众的碎片化的人际交流心理需求正好契合。第三,微博能够发布的不仅仅是140个字的文字,微博还有独具特色的图片、视频等处理功能,多媒体性可以让用户更加直观的发布或接收信息;第四,微博因为其特有的"关注"功能,使用户可以进入一个又一个嵌套式交往圈,比如一个用户关注了另一个用户,就可以随之关注他的朋友、朋友的朋友,这种互动重叠的交往方式是人们在现实中交往很难实现的;第六,对于有其他上网习惯的网民,微博可以实现网民与自己以往上网工具的对接,比如可以通过登录QQ发腾讯微博,或者很多论坛、网页上都添加了"分享到微博"按钮,微博可以实现与多种网络工具的对接。

3. 用微博开展思想政治教育的可行性

首先,微博为越来越多的大学生所接受。大学生中微博用户的数量十分可观。高校学生使用微博人数众多是以微博进行思想政治教育的前提条件。

其次,微博这一网络平台的自身特性适合进行大学生思想政治教育。微博作为信息平台,承载和传播信息的功能十分强大,而且,微博的社交网站的属性,

能够使思想政治教育主客体之间无障碍交流互动，因此，微博完全具备思想政治教育平台所需条件。

第三，微博最大的特点就是便捷性，适合随时随地开展思想政治教育。微博无须发布人有多深厚的文字功底，只需要在日常发表只言片语，而且微博可以依托于多种终端，学生可以在宿舍用电脑发表微博、可以在外面随时用手机发表微博。这种便捷性，增加了用微博开展思想政治教育的可行性，使学生随时随地接受教育，可以从单纯的在学校主动接受思政教育，变成在日常生活中潜移默化地接受思想政治教育。

（二）微信

1. 微信的概念

微信（WeChat）是由腾讯公司推出的一款智能终端应用程序，具有即时通信的强大功能，相比较于之前的QQ、飞信等通信工具，其使用效率更加便捷、高效，凭借其自身优势已成为国民标配软件。而微信公众号作为微信延伸功能中的其中一个部分，应用极其广泛，在人们的日常交流互动中起到了重要的桥梁作用。微信公众号为从事新闻媒体工作、宣传自身品牌或想表达其观点的团体组织、机构部门或者个人提供了广阔的展示平台。

高校在对大学生进行思想政治教育的过程中，可通过微信公众平台与大学生之间积极进行互动、沟通，借助微信公众平台实现思想政治教育工作。目前，几乎所有大学生均有微信账号，微信不仅操作方便且功能强大，因此通过微信公众平台对大学生进行思想政治教育极容易被其接受。值得一提的是，为提升思想政治教育的有效性，很多思想政治教育工作者均习惯于在教育教学中插入一些微视频，增强思想政治教育的生动性。总而言之，以微博、微信、微视频等为主要平台的传媒载体如今已然成为高校思想政治教育的重要载体。

2. 用微信开展思想政治教育的可行性

（1）适应了高校思想政治教育发展的新要求

微信作为微时代背景下的新兴产物，能够满足当代大学生用户的个性化需求，成为高校实现"互联网＋教育"时代价值的重要网络平台。高校微信公众号将思想政治教育工作的传统优势同新媒体信息技术相结合，凭借其方便、快捷、高效、互动性强等优势，为当代大学生思想政治教育工作注入新鲜血液，增强了时代感和吸引力。微信公众号作为新媒体应用的典型代表，不仅打破了传统思想政治教育时间和空间的枷锁，而且有助于高校革新思想政治教育发展理念、创立新模式、拓展新阵地。

（2）丰富了思想政治教育传播形式

当下，网络信息同质化现象日益严重，唯有提高思想政治教育信息传播形式和手段的吸引力才能最大限度吸引广大用户，提高关注度。高校官方微信公众号作为一种全新的信息传播媒介，实现了信息传播符号的多样化。因此，微信公众号作为互联网下的技术产物，具有自身独特优势可以胜任这一工作，它可以集声音、图片、视频于一体，使得高校思想政治教育更加直观化和形象化，深受广大微信公众号用户的喜爱。一方面，互联网信息涵盖范围非常广泛，并且紧跟时代发展步伐，内容与形式都非常新颖，这就为思想政治教育工作者提供了丰富多样的学习资源；另一方面，思想政治教育工作者可以通过声音、图片、视频等多种方式和手段丰富思想政治教育内容，并通过教育主体和教育客体之间的双向互动与及时反馈等方式密切掌握受教育者的思想动态和偏好，积极开展有针对性的教育实践活动，从而不断丰富思想政治教育的传播形式。

（3）拓宽了思想政治教育工作维度

高校官方微信公众号的应用使得当代思想政治教育具有更丰富的内涵，表现在三个方面：一是思想政治教育工作更有温度。当前，大部分学生会根据自己的价值观念，在网络上建立自己的朋友圈，当遇到与自己"三观"不符的情况，通常以"不让他看动态"或者"不看他动态"的方式来屏蔽其他师生。因此，如何能让当代大学生敞开心扉，勇于接纳不同的声音，不断提高自身思想道德修养是当下高校思想政治教育工作的重中之重。基于此，高校思想政治教育工作者可以采用文字、语音、视频等青年学生偏好的方式，将思想政治教育内容进行传播，使其有水准，也更有温度。二是思想政治教育工作更有深度。传统思想政治教育工作多采用灌输式说教，以面对面较多，这样一来会让很多大学生羞于表达自己，隐藏自己的真实想法。当前大学生注重个人空间、个人隐私，不善于直接表露个人内心真实意愿，相反喜欢通过朋友圈、公众号留言表达个人想法，而且多为内心真实想法，因此，思政教育工作者可以充分借助公众号，与学生进行心灵碰撞，交换彼此心灵深处的想法，深入引导学生正确、辩证看待社会和学校的各种问题，获得最真实、最亲切的共振。三是思想政治教育工作更加有广度。高校官方公众号作为高校最具权威性的发声平台，其一言一行必须慎之又慎。因此，高校在运用官方微信公众号传播思想政治教育内容时，不仅以校园内的事件以及师生成就等为中心，也要把爱党爱国、尊老爱幼、诚实守信等传统思想政治教育内容进行整合与分享，不断拓展思想政治教育工作广度和深度。

三、以微公益为主的实践载体

随着我国社会的不断进步与发展，越来越多的公民也逐步参与到公益事业当中，微公益成为人们日常生活的重要组成部分。诸如，目前我们常见的"轻松筹""水滴筹"等。用户仅需向平台提供真实可靠的相关信息，并经过平台认真审核后，便能够通过微信朋友圈进行转发，向社会大众筹集资金，以解自身的燃眉之急。在此过程中，每个人给予的捐款数额可能并不多，但人多力量大，因此往往会在短时间内筹集到需要的资金数额。大学生的经济力量虽然不大，但他们却普遍拥有爱心，拥有责任心，他们普遍愿意通过微公益渠道帮助他人。在此过程中，他们既帮助了别人，同时也提升了自身的思想道德能力。总而言之，作为大学生思想政治教育的重要"微载体"，微公益以其参与的便利性，可有效促进大学生思想道德能力的提升。

第三节 大学生思想政治"微教育"发展路径

一、树立"微意识"

（一）大学生要理性运用"微载体"，提升媒介素养

第一，科学健康地运用"微载体"。我国大学生在进入大学以前由于各种限制因素不能完全自由地接触"微载体"，进入大学后面对的是开放的信息环境，同时能够自主地接触网络，极易陷入网络的海洋中不能自拔，所以要保持清醒的意识，科学理性地运用"微载体"。其一，要学会质疑。质疑谁是这个信息的发布者，为什么要发布这个信息；质疑这个信息中有没有什么部分内容被剔除，真实性有多大；质疑自己与他人理解这条信息会有多大的差异。只有质疑才会对信息进行深层次思考，核实信息来源，发现他人或是组织的"别有用心"或是政治偏见的痕迹，作出理性客观的判断。其二，要加强自我管理和教育。面对多元的"微载体"内容，要经得起诱惑，切不可难以把握自我，要懂得约束自己，协调好学习、生活、娱乐的时间；面对虚假信息、黄色信息要做到不轻信、不谣传；自己也不能为了吸引人气或者想靠炒作出名就恶意编造虚假信息，以免误导他人或者泄露他人隐私。总之，不能让自己的学习、生活被"微载体"所掌控。

第二，增强面对"微载体"的自我防范意识。所有事物都有两面性，"微载体"

也不例外。我们在享受"微载体"带来信息快捷、随时交流的便利的同时，也要警惕其负面影响，尤其是涉世未深的大学生，更要增强自我防范的意识。如微信交友（如摇一摇）时谨防被骗危及自己的财产人身安全，不明的网址链接不能随意打开，打开后更是不能随意注册自己的身份证号和银行卡号等私人信息，不要随意关注不明的微信公众号，微信购物和微信支付时谨防泄露自己的隐私信息，朋友圈的信息如商品打折活动等也要注意防范。

（二）高校积极搭建"微载体"平台，转变教育观念

高校必须以辩证、开放、包容、发展的眼光来对待"微载体"，积极探索搭建专业有效的"微载体"平台，拉近与学生的距离，提升运用"微载体"对大学生进行政治认同教育的能力，让大学生思想政治教育取得最大化的效果。

其一，让学生教育管理工作与"微载体"相结合。一方面，利用微博、微信做好学生的教育管理和心理疏导工作。学校或是各学院要充分发挥官方微博、微信的正面宣传作用，要有专业的专门人员及时更新学生感兴趣的又对学生有实际作用的"微载体"内容，与学生保持积极的互动，让处于"休眠"或"荒芜"状态的微博、微信活起来、动起来、火起来，让"微载体"切实成为高校联系学生的纽带，掌握学生动态的窗口。如构建微信党校、微信团校、"两课"学习等红色"微载体"，用马克思主义思想文化占领网上阵地，有效地实现网上思想政治教育。又如可以在微信、微博上发布每年考证的具体时间，提醒大学生何时开始准备，准备中有哪些易过的"小窍门"。再如在党团支部活动、课外艺术活动中也可以通过"线上线下"同时进行的形式来开展，增加学生参与的积极性。另一方面也要进行人际情感教育，用现实的校园生活感染学生，避免学生沉迷于网络交流而导致人际交往障碍。如湖南大学官方微信推出的湖大版《南山南》的创作团队都是学生，无论是词曲还是音频视频都深受学生喜爱，尤其是歌词显露了深厚的文学功底，让学生在听歌的过程中就领略到湖大的美丽和魅力，对"千年学府"有了更深厚的认同感。

其二，对学生使用"微载体"进行规范的指导。现在大部分大学生对于微博、微信的使用大都局限于交友和娱乐，有极少数学生用微信来做"微商"，大部分学生几乎没有意识到用微博、微信来获取学习信息，对于"微载体"使用的法律意识更是欠缺。所以，学校对于学生规范使用"微载体"应加以指导，例如：通过开设媒介素养教育相关的选修课，帮助学生系统地了解"微载体"知识的同时提升学生应对问题的能力；定期组织学生参观临近的媒体编辑部，利用公益广告进行简单的媒介知识普及；学校可以与媒体联系，举办有关"微载体"使用技巧和媒介素养教育的讨论会或是讲座，要告诉大学生不能利用"微载体"影响自己和他人正常的学习和生活，注意规范网络言行，引导大学生合理科学地使用"微载体"；学校可以推荐一些比较权威的知名的学习类的微博或微信公众号鼓励学生关注，帮助他们学会使用"微载体"上的资源来辅助学习，获取课堂外的学习信息；对于学生自己研发的公众号应该怎么推广给予技术上的指导，有助于学生适应多变的媒介环境。

二、建设"微队伍"

（一）加大思想政治教育工作队伍建设速度

随着微博、微信、微公益等"微载体"成为当下大学生学习新知识的主要载体，高校也要愈加重视思想政治工作"微队伍"建设。首先通过加大"微载体"建设的资金投入来保障思政工作"微队伍"建设的经济所需，在原有思政工作"微队伍"的基础上进一步扩大队伍的数量，使得高校真正拥有一支思政工作"微队伍"。其次通过引进网络技术人才来保障思政工作"微队伍"建设的技术所需，在已经建立的思政工作"微队伍"的前提下进一步增强队伍对于"微载体"的认同度与熟悉度，从而在一定程度上提高思想政治工作者的微技术能力，推动"微载体"与思想政治工作的进一步融合。

（二）加强思想政治教育工作者培训力度

当前，利用"微载体"实施大学生思想政治教育已成为必然趋势。但是很多高校到目前为止并未提倡思想政治教育工作者积极利用"微载体"实施教育教学，亦未对思想政治教育工作者进行系统培训。此种情况不利于他们突破"微时代"背景下的思想政治教育困境，不利于其"微载体"应用能力的提升。因此，建议高校应定期或不定期组织本校思想政治教育工作者参与"微时代"背景下的思想政治教育培训。培训主要可采取如下三种形式：第一，由主管教育部门组织高校思想政治教育工作者参与培训；第二，高校组织本校思想政治教育工作者进行校本培训。校本培训讲师可由本校"微载体"应用能力较高的思想政治教育工作者担任，亦可从校外聘请。第三，高校可选取部分思想政治教育工作者到一些兄弟学校交流学习。诚然，为更好应对"微时代"挑战，更好提升自身的"微载体"应用能力，仅依靠培训仍远远不够，高校思想政治教育工作者尤其是中老年思想政治教育工作者，需积极进行自主研修，通过自主研修不断提升自身的"微载体"应用能力。

三、提高"微能力"

高校要顺利开展思想政治"微教育"，"微能力"就成为思想政治工作者的必备技能之一。思想政治工作者需要利用网络信息技术提高自己的"微水平"能力，在熟练操作"微载体"的基础上，增强"微判断"能力，以最快的速度掌握有效信息，使其满足未来信息社会所需要的高素质、强技能人才培养的要求，以达到社会服务的最优化。

（一）增强思想政治工作者的"微水平"能力

"微水平"能力不仅包括思想政治工作者对"微载体"使用时表现出的熟练操作能力，也包括思想政治工作者对"微载体"衍生出来的"微话语"的理解能力。高校可以通过建立有关思政工作者微技能培养平台的方式来增强思政工作者"微载体"平台的实际操作能力。通过此类的微平台培训方式，不仅可以使思政工作者更加熟练地掌握"微载体"的使用技巧，也能使思政工作者与教师之间增强工作上的交流与沟通。高校可通过微平台培训来共享思想政治工作的最新内容，利用集中思政工作者智慧的方式来共同解决思想政治工作过程中的问题与挑战，实现思想政治工作的共赢。思政工作者在掌握"微载体"使用技巧的同时，还需了解随"微载体"一同产生的"微话语"动态，只有充分理解其真正含义所在，才能更好地开展思想政治微工作。这就要求思政工作者不仅要时刻关注时政大事或网络热点，也要分析"微话语"产生的语境，以此更好地知道该语言的来龙去脉。思政工作者也可以通过微博的评论、转发或微信的聊天、点赞等形式来加强与学生之间的交流沟通，以此拉近师生之间的距离，让学生真正感受到教师的关心与关爱。此外，高校还可以通过微技能考核的方式来提高思政工作者对于"微载体"的重视程度，增强"微载体"的实践价值。

（二）强化思想政治工作者的"微判断"能力

"微载体"加快了信息传播速度的同时，也使得各种信息相互交错，这就要求思想政治工作者要加强对于各种信息的鉴别能力，及时发现有害信息，及时解决并尽可能降低这些不良信息会造成的不可估量的危害，净化思想政治工作"微载体"的信息传播内容。当然，对于微信息中的有利于社会发展的信息，思想政治工作者要加大进行宣传，可以通过微博、微信等大学生喜爱的"微载体"形式进行传播，并在传播的过程中可以利用图文结合或者小视频等各种不同的方式吸引大学生的眼球，让有利的信息以更加生动的形象展现在大学生的视野中，从而使其充分发挥其固有的价值，在丰富大学生信息接收种类的同时，增强大学生正确意识的培养。因此，思政工作者不仅需要增强对于信息的辨别能力，也要提高对于突发事件的分析和处理能力，做到各种网络信息的良序发展，真正做好校园网络信息的第一面防火墙。

（三）创新思想政治教育教学方法

"微教育"扩充了高校思想政治教育的话语资源，改变了高校思想政治教育的话语范式，要求高校思想政治教育工作者对思想政治教育教学方法进行创新，充分利用新媒体创新思想政治教育理论，打破传统教育模式进行平等对话交流。关注学生的现实生活，从理想回归到现实生活。尊重学生的情绪体验，增强话语感召力，进而全面提升大学生思想政治教育工作成效。

1. 自主探究教育教学方法

高校思想政治教育工作者创新大学生思想政治教育教学方法的方式有很多种，自主探究无疑是其中的重要方式之一。对于高校思想政治教育工作者而言，除去日常工作时间外，还有很多课余时间可以充分利用。在课余时间里，高校思想政治教育工作者完全可以对常用思想政治教育教学方法进行自主探究，从而发现适用于实际情况的大学生思想政治教育方法。例如，高校思想政治教育工作者可利用百度搜索引擎搜索相关文章，进行阅读，学习别人已提出的思想政治教育教学方法。值得一提的是，目前知网、万方和维普等期刊数据库业已收录大量与大学生思想政治"微教育"教学方法相关的文章，通过此类文章的阅读可帮助高校思想政治教育工作者快速掌握大学生思想政治教育教学的各种实用方法。

2. 合作探究教育教学方法

除自主探究教育教学方法外，高校思想政治教育工作者还可合作探究大学生思想政治"微教育"教学方法。俗话说"众人划桨开大船"，说的正是这个道理。例如，辅导员作为高校思想政治教育工作者的重要组成部分，在对大学生思想政治教育的工作方法方面具有共通性。因此，辅导员之间完全可定期或不定期组织在一起对教育方法进行讨论和交流，最终总结归纳出更适合于辅导员的大学生思想政治教育方法。为更好引导高校思想政治教育工作者合作创新大学生思想政治教育教学方法，学校在此过程中应起到积极引领作用，引导更多高校思想政治教育工作者参与到合作探究的队伍中来。

3. 实践探究教育教学方法

为切实调动高校思想政治教育工作者参与大学生思想政治"微教育"工作的积极性，高校还可考虑组织举办相关比赛，通过比赛刺激和引导更多思想政治教育工作者参与到相关教育教学方法的探究中来。对于获奖的高校思想政治教育工作者，高校应给予一定的精神奖励和物质奖励，并将其树立为全体思想政治教育工作者学习的榜样，用榜样的力量影响更多高校思想政治教育工作者。

四、丰富"微内容"

（一）突出思想政治教育内容

当今社会正处于"互联网+"的红利时代，把思想政治工作的传统优势与新媒体信息技术高度融合起来，可以增强时代感和吸引力。高校运用微博、微信等载体开展大学生思想政治教育工作就是积极响应党的号召，顺应时代发展潮流。因此，要注意突出思想政治教育相关内容，不断提升思想政治教育工作的实效性。这就要求做到两个方面：一是要做到思想政治教育内容的质量高，二是做到思想政治教育内容的数量足。首先，各高校要保证推送思想政治教育推文的质量高。"微载体"作为掌管意识形态领域的重要阵地，肩负传播正能量的时代责任。因此，内容构成方面要根据当代大学生的特点，宣扬社会主义核心价值观、公民道德与民主法治等主流意识形态价值观念。其次，要做到思想政治教育推文的数量足。思想政治教育工作的一大特征就是隐性思想政治教育，因此，各运营团队要抓住一切可用之机，结合国家发展规划、校园发展成就、优秀个人事迹等内容进行文案编辑、排版，推送至微信公众平台、微博等媒体中，发挥榜样示范作用，积极营造和谐健康的校园文化氛围。众多大学生用户通过主流意识形态思想潜移默化的影响，有助于他们形成正确的价值观念。

（二）开展红色微教育活动

红色资源主要包括革命遗迹、纪念场所、遗存文物、革命精神等，是记录中国共产党领导带领人民进行中国革命、建设、改革的鲜活教材。红色资源具备内容丰富、形式多样、生动直观、价值无限等特征，是高校思想政治教育的传播渠道和主要载体，成为大学生政治认同教育的重要资源和素材。科学合理借助"微载体"开展红色微教育活动，有效发挥红色资源的"活教材"作用，是高校思想政治教育内容的重要创新手段。

1. 运用"微载体"突出爱国主义教育

红色资源是爱国主义教育的活教材，每一处革命遗迹，每一件革命文物，每一篇革命诗文，甚至每一首革命歌曲都折射出革命先辈们强烈的爱国情怀、高尚的革命情怀和崇高的政治信仰。大学生是青年群体中的精英群体，正处于"三观"形成的关键期，要用正确的价值观占领大学生的头脑。因此，需要我们运用红色资源激发大学生群体的爱国热情，结合"微载体"，精心组织大学生喜闻乐见的各种红色微教育活动。一方面，要利用好"微载体"的宣传作用，扩大革命遗迹的知名度和影响力。将革命遗迹的特色内容和特色活动定期更新在官方"微载体"上，更新方式和内容要激起学生的求知欲和兴趣。如利用"微载体"公众号每天推送"历史上的今天"，再如参观革命纪念地的活动，可以通过在"微载体"上事先答题的"闯关"形式作为学生参观时的适当"特权"。另一方面，要结合"微载体"开展学生喜闻乐见的教育活动。教育活动的开展，要切实结合红色资源的特色，结合学生的实际情况，结合"微载体"的特点和功能，以引发学生思考和共鸣为目标。如让学生参与"历史上的今天"的资料推送工作，参观红色革命旧址微直播，参与微话题"说出家乡的烈士故事"，纪念日在网上发起"我为革命烈士献花圈"或"唱赞歌"活动等，引导大学生在主动参与活动的过程中，爱祖国的大好河山，爱祖国的灿烂文化，爱党爱社会主义，自觉担当起实现中国梦的历史使命，努力做到"立报国之志、增建国之才、践爱国之行"，让"红色的旗帜"在心里永远飘扬。

2. 利用"微载体"加强历史素养培育

红色资源体现着中华民族的民族精神和时代精神，记录着中国革命血雨腥风的发展历程，记录着中华儿女前赴后继、英勇拼搏的不屈抗争史。要结合"微载体"利用红色资源对大学生进行历史素养教育，让历史更生动直观地呈现在学生面前，消除纯粹的历史知识讲授带给学生的枯燥感和距离感。如在"微载体"上进行历史影片的展播，"我是校园记者"之"探访身边的烈士风采"的微直播，在微信公众号上每天推送一个历史人物的故事，在"微载体"上发起"今天我是历史博物馆（展览馆）的讲解员"的实践活动等，让学生在参与活动的过程中，积累历史知识，提升历史素养。要结合"微载体"利用红色资源进行红色微教育活动，让大学生全面客观地了解历史，学会用辩证的历史的眼光思考当前国家所面临的诸多现实问题。

高校要和红色资源结合"微载体"形成合力，为大学生积极搭建红色资源教育基地，定期开展红色微教育活动，丰富大学生政治认同教育的"微内容"，增强高校思想政治教育的吸引力。

（三）培养大学生"微载体"意见领袖

大学生作为微载体使用主要群体之一，微载体信息对其的影响显而易见，这就需要有一个代表来统一规范微载体信息，并对信息进行一定的整合，从而更好地为大多数大学生发声，由此可见，大学生微载体意见领袖的培养已是急不可待。大学生微载体意见领袖不仅代表了绝大多数大学生的利益，也能在重大突发事件中引导校园网络舆论朝着正确方向发展，促进高校思想政治工作的健康发展。

1.发掘大学生微载体意见领袖

大学生正处在迫切想要展现自己魅力并希望得到他人认可的成长阶段，而高校中的社团招新、校学生会换届、优秀共青团员评选以及入党申请等各种各样的校园活动，正好提供了大学生展示自己才华和能力的平台。而那些通过层层评选最终脱颖而出，被各大社团、校学生会、团委组织、党组织所吸收的大学生，不仅展现了自身独有的魅力，也表明其非常优秀。这些大学生往往是高校的精英人才，他们不但拥有极强的组织力和宣传力，也拥有极大的感染力和号召力，他们往往能够以大局眼光去考虑事情，愿意主动为老师分担工作压力，乐于帮助其他同学，成为大学生所拥护的人，换而言之，他们本身就是政治立场坚定的思政榜样。因此，思想政治工作者可以从中挑选出对微载体有一定喜好的大学生榜样，以此来组建一支优秀的大学生微载体意见领袖。

2.培养大学生微载体意见领袖

大学生关于微载体方面的意见领袖本身就是大学生民心所向之人，对大学生的言行、思想以及认识方面具有一定的影响，往往成为大学生接收微载体信息的主要渠道。因此，思想政治工作者必须对他们进行教育培养，使其不仅仅拥有坚定的政治立场、科学的文化素养，还要拥有筛选阻碍大学生健康成长的腐朽信息的能力，以此发挥自身特有的领袖影响力。在培养他们的过程中，还要注意虽然他们是各个大学中的佼佼者，但是他们的身份仍然还是学生，而学习则是他们最主要的任务，不能本末倒置，也就是说只有在自身知识过硬的前提下才能更好地展现自己的魅力，从而以正面形象来带动其他同学更好地作出贡献。此外，还可以加入有关思想政治教育的培养课程，进一步提高其思政协助能力。

3.规范大学生微载体意见领袖

随着大学生微载体意见领袖人数的逐年增长，为了能吸引更多的关注度与知名度，部分大学生微载体意见领袖另辟独径，采取有别于主流微载体意见领袖观点的方式来博取眼球，这样在一定程度上会影响大学生正确价值观的树立，使得大学生走向追逐名利而偏离主流。因此，思想政治工作者要指引大学生微载体意见领袖朝着有利于社会主义发展的方向来进行微载体信息的宣传，不能有悖于社会主义核心价值观而争夺自己的个人利益，并通过制定一定的规章规定，也就是我们经常所说的约定俗成的大学生普遍接受的条文来约束其行为规范，从而避免部分意见领袖产生不利于思想政治工作的负面影响。这就要求思政工作者要在掌握一定的微载体信息传输主导权的同时，给予意见领袖相对的自由空间，从而更好地把握校园网络舆论的主体地位，实现校园网络的有良好有序发展，防止"大学生微载体意见领袖"成为"大学生微载体异见领袖"。

（四）捕捉热点话题，巧用议程设置

大众对于一件事情的认知与传播媒介的报道方式高度对应，这也就意味着如果传播媒介大肆报道一件事情，那么信息接收者也会把它当作一件大事来对待。由此，我们可以看出在信息传递的过程中议程设置的重要性。这也说明，如果想要获得大学生用户的广泛关注，非常有必要借助热点话题巧妙地进行议程设置。

众所周知，热点话题从来不缺关注度，但热点话题也同样面临着信息过载的问题。热点话题的类目通常是五花八门的，如何在海量的热点话题中找到适合承载思想政治教育的热点，是信息制作者们需要重点思考的问题。这其中需要把握的原则无外乎话题要与大学生的日常生活息息相关，能够引起学生的兴趣、传递正能量，等等。具体可以归结为两点：一是结合校园热点做报道，二是借助于重要节假日设置议程。比如当大学生喜爱的一部电视剧《长安十二时辰》成为热播剧的时候，陕西师范大学、西安交通大学、西安理工大学等高校官方微信公众号相继推出了师大十二时辰、交大十二时辰、西理工十二时辰的公众号推文，引得大学生用户的广泛关注，使大学生充分领略了本校校园的优美风景，既陶冶了情操，又平添了几分对母校的热爱。再如西安交通大学在2019年中秋节是推出一篇名为《交大有礼了！交大情书，网红月饼等着你！》的文章，题目诙谐幽默，借助中秋佳节团圆之际，向广大师生传递"万里无云镜九州，最团圆夜是中秋"的美好愿景，让学生在潜移默化中感受到传统优秀文化魅力同时，也激发了他们对祖国母亲的热爱之情。

五、优化"微监管"

(一)健全校园网络舆情的监管机制

网络舆情指的是网民通过互联网来表达自己对社会热点事件的所感所想,并在一定程度上影响社会发展的一种舆论态势。这就要求高校思想政治工作者要掌握好网络信息的主导权,充分利用网络来宣传社会主义主旋律,以此加强对校园网络的监管,促使大学生主动学习思想政治理论知识的同时,进一步掌握大学生的思想动态。

首先,高校要把握校园舆论走势。想要真正了解校园网络走向何处,就必须对大学生最普遍使用的比如微博、微信、抖音短视频等"微载体"进行一定的监测和观察,才能更加准确地掌握大学生的所思所想。通过对这些经常使用的"微载体"的数据分析,发现其中高频率出现的词汇或点击量骤升的事件来总结大学生关注的事件,进而第一时间掌握大学生日常生活的习惯与动态,以此为契机来解答大学生可能存在的疑惑或者关心的问题,从而在一定程度上引导大学生朝着舆论的正确方向进行讨论研究,以此把握好校园网络的舆情走向。

其次,高校要建立平等的网络交流机制。传统的师生互动,教师往往处于高于学生的位置,让学生与教师交流存在一定落差,高校思想政治"微教育"的开展,使得工作者可以通过微博、微信等"微载体"来与学生进行网上交流,在"微载体"的使用过程中,教师和学生都属于其用户,这种相对平等的地位在一定程度上拉近了学生与教师之间的距离,促使学生愿意敞开心扉与教师进行情感上的沟通,教师也应借助"微载体"构建平等良好的交流机制,更好地了解学生的心情变化,从而对大学生遇到的困难进行及时的帮助,增强教师与学生之间的互动,避免谣言的扩散传播,从而稳住高校网络舆情阵地。

最后,高校要妥善处理网络突发危机事件。由于网络信息的繁多杂乱,造成各种信息相互掺杂,这也使得一些别有用心之人利用腐朽落后的信息大做文章,以此影响大学生价值判断和价值观的塑造。面对突发的网络事件,高校思想政治工作者要高度重视,并及时迅速地对此类信息作出相应的回应,引导大学生朝着正确的舆论主流方向发展,尽可能最大化避免恶性事件对大学生的影响,提高思想政治工作的时效性。

(二)加强大学生网络舆情引导队伍建设

社会敏感问题是大学生网络舆情产生的直接原因,大学生人际交往特征引发网络舆情，大学生网络舆情是社会舆情的一个重要组成部分，加强大学生网络舆情工作队伍建设是高校舆论指导的内在要求。在"微时代"，学校的老师和学生都是平等的用户，并且在同一件事上有发言权，教育工作者的权威受到了前所未有的挑战。在信息资源便利、信息平等传播的当下，教师在信息传递中的观点权威性被大大削弱，因此在这种情况下，教育工作者必须提高自身素养，加强大学生网络舆情引导，及时控制不良网络舆情。这就要求高校的网络舆情管理者在舆情爆发初期要迅速作出积极反应，表达自己的态度，并在第一时间澄清事实真相，从而主动控制舆论导向的话语权。

为加强大学生网络舆情引导队伍建设，具体可采取如下措施：首先，重点培养，建设一支网络舆情引导评论员工作队伍。网络舆情引导评论员工作队伍可由高校思政课教师、辅导员和意见领袖组成。确立网络舆情引导评论员工作队伍的具体成员后，高校应科学制定培养计划。其次，整合资源，建立一支专兼结合的网络舆情引导队伍。为提升大学生网络舆情引导质量，高校还应安排专门的网络舆情引导工作者。诸如，可安排学校网站、官微的建设管理者专门负责大学生网络舆情引导工作。如此一来，即可建设成一支专兼结合的网络舆情引导队伍。最后，加强培训，提高大学生网络舆情引导队伍的综合素质。高校应定期或不定期对大学生网络舆情引导队伍进行培训，通过培训不断提升其综合素质，从而使其更好地胜任大学生网络舆情引导工作。

参考文献

[1] 刘嘉诚. 新媒体视角下高校思想政治教育创新研究 [J]. 教育观察, 2021, 10（45）：30-32.

[2] 周芳检, 姚厚胜, 唐森树. 新时代背景下高校思想政治教育途径创新研究 [J]. 教育观察, 2021, 10（45）：33-36.

[3] 张哲. 网络新媒体在高校思想政治教育中的应用 [J]. 微型电脑应用, 2021, 37（11）：167-170.

[4] 郭芳辰, 高兵兵, 马超. 高校网络思想政治教育互动机制研究 [J]. 现代教育科学, 2021（06）：78-83.

[5] 陈嘉迪, 郑永扣. 自媒体环境下高校思想政治教育的新特征及路径优化 [J]. 南通大学学报（社会科学版）, 2021, 37（06）：129-136.

[6] 付漪川. 高校网络舆情与思想政治教育策略创新 [J]. 中学政治教学参考, 2021（41）：82.

[7] 刘小珍. 大数据时代高校思想政治教育信息方法构建 [J]. 顺德职业技术学院学报, 2021, 19（04）：59-62+73.

[8] 张佳怡. 新时期高校思政教育的问题与对策 [J]. 公关世界, 2021（20）：155-156.

[9] 孙诗航. 新媒体视域下高校思想政治教育探究 [J]. 延边教育学院学报, 2021, 35（05）：66-68.

[10] 何细平. 高校思想政治教育面临的挑战与对策研究 [J]. 决策探索（中）, 2021（10）：56-57.

[11] 彭晓明. 新时代强化高校思想政治教育的对策路径 [J]. 江南论坛, 2021（10）：52-54.

[12] 王海宁. 新时代高校思想政治教育面临的问题与对策 [J]. 中学政治教学参考, 2021（37）：95-96.

[13] 旷爱萍, 徐善鑫. 网络舆情下高校思想政治教育工作的创新研究 [J]. 教

育观察，2021，10（37）：51-55.

[14] 李笑晗. 媒体时代高校大学生思想政治教育创新研究 [J]. 产业与科技论坛，2021，20（19）：105-106.

[15] 汪继彬. 大学生网络与新媒体使用调查与思考 [J]. 传媒论坛，2021，4（19）：54-55.

[16] 张雨晴，崔德华. 论网络环境对高校思想政治教育的影响及对策 [J]. 海南广播电视大学学报，2021，22（03）：51-57.

[17] 王艳，王继曼，魏振乾. 探寻新媒体视阈下思想政治教育建设途径 [J]. 辽宁丝绸，2021（03）：83-84.

[18] 季枫. 新媒体视域下大学生思想政治教育创新思考 [J]. 湖北开放职业学院学报，2021，34（16）：5-6+9.

[19] 吴娜. "三全育人"视角的大学生思政教育创新路径研究 [J]. 现代交际，2021（15）：64-66.

[20] 司慧积. 新时代大学生网络思想政治教育探论 [J]. 中学政治教学参考，2021（29）：91.

[21] 李林军. 新媒体视野下大学生思想政治教育路径创新研究 [J]. 中共太原市委党校学报，2021（04）：52-53+57.

[22] 孙霞. 新时代大学生网络素养教育研究 [J]. 计算机教育，2021（05）：149-151.

[23] 邹宽. 新时期大学生思想政治教育的思考 [J]. 办公室业务，2021（08）：48-49.

[24] 秦艳华. 大学生网络素养教育机制研究 [J]. 湖北开放职业学院学报，2020，33（23）：25-26.

[25] 任潇. 大学生网络意识形态安全问题与应对策略 [J]. 传播力研究，2020，4（24）：185-186.

[26] 潘传辉. 新媒体时代思政教育创新探索 [M]. 哈尔滨：黑龙江人民出版社，2019.

[27] 王学俭. 思想政治教育理论与实践问题的研究视角 [M]. 北京：中国人民大学出版社，2017.

[28] 孙鸿达. 高校思想政治教育理论与实践研究 [M]. 北京：新华出版社，2015.

[29] 杨吉棣，王丽清．当代大学生思想政治教育理论与实践研究 [M]．北京：中国文史出版社，2015．

[30] 季海菊．新媒体时代高校思想政治教育的解构与重塑 [M]．南京：东南大学出版社，2014．